医療と福祉を超えて暮らしを拓く

住民力で地域医療

――医師・宮原伸二の軌跡――

最所久美子 著

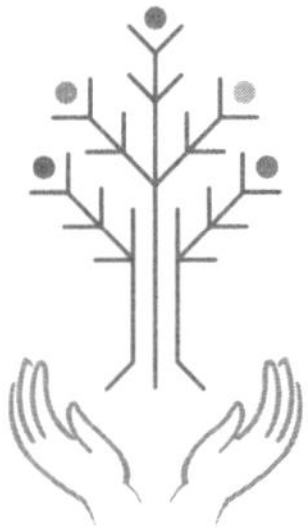

ミネルヴァ書房

プロローグ

秋風が吹いてもいい頃なのに、急ぎ足で歩くとじっとりと汗が噴き出してくる。路地を曲がった所の、小さな庭に面した家。あれだな、と思って近づくと、聞こえて来た、トロンボーンの音が。手拍子と歌声も聞こえる。縁側から声をかけて中に入ると、6帖2間を開け放した広間には、背を起こしたベッドを取り囲んで手を叩く人、一緒に歌う人、顔を上気させて楽器を吹く若い男女がいる。

曲は『聖者の行進』。〝When the Saints go marching in～〟♪　最後は大合唱で終わった。と思ったら、ベッドからくぐもったやや金属質な声で、でもはっきりと、「はい、もう1回」。パジャマ姿の老人の頸部から、気管のスピーキング・カニューレを通して出てきた声だ。藤原重太、79歳。パーキンソン病を発病し、その後レビー小体型認知症を併発して、要介護5。嚥下機能障害のため食事は胃に穴を開けた瘻《ろう》孔から栄養剤を摂取し、さらに誤嚥による肺炎を併発したため頸部の気管を切開して定期的に痰を吸引。在宅での寝たきり状態がもう4年続いている。幻視もあって、ベッドの周りが行ったこともないアメリカの町に豹変したり、見たこともない生き物が出現したり。認知症もかなり進んでいる。

「え、また？　もう3回目だよ。指揮者もそろそろ休んだほうがいいんじゃないの？」

壁を背に立っていた細身の初老の男性が声をかけた。宮原伸二、66歳、藤原の主治医だ。歯科衛生士の中山良子は、「はいはい、じゃもう1回」、と笑いながらまたトロンボーンを構える。

演奏中、藤原の両手がゆらゆら動く。そう、指揮者はここに居たのだ。元は小学校音楽教師の藤原。普段は動かない手なのに、当時に戻っているのだろうか、真剣な面持ちで演奏者達を見据えながら、周りには見えないタクトを振っている。

演奏が終わり、タクトが止まった。藤原の顔がちょっとだけピンク色に上気して、頬が緩む。

「お父さん、笑てるわ。よっぽど嬉しかったんやね」。

寄り添う藤原の妻が楽しそうに言う。奏者が楽器を片づけ始める。

藤原は寝返りも打てないので1時間に20度回転する電動マットを日額160円でレンタルしている。褥瘡防止のためだ。しかし、ちょっと下痢気味だった時に車椅子に座っていて、腰の下辺り、坐骨部下部にあっという間にできてしまった。覗くと、直径5センチメートルはあるだろうか、深くえぐれて中の骨が見えている。

この日の訪問看護師は、山下幸恵。看護歴30年以上の大ベテランだ。演奏会の前に体温、脈拍、血圧を測り、胃瘻《ろう》部周辺の観察と清拭、痰の吸引、そして褥瘡の洗浄と治療。褥瘡は洗浄後、ラップで覆う。傍のワゴンには吸痰用の機器や薬ケースのほか、ラップの箱や洗濯用のワイヤー、マヨネーズの容器のようなものも載っている。

「医療用だと何でも高いですからね。食事は片栗粉でとろみを付けた栄養剤を、100円ショップで見つけたこの容器を使って胃瘻から注入してもらっています。洗浄用の水も普通の水道水で大丈夫。家族の経済的な負担を考えて身の回りにあるものを代用しながらやっていかないと、在宅介護は続きません」。

在宅介護は家族が本当に望んでいないと難しいと山下は言う。実際、藤原の在宅看護・介護は、可能な間は2人一緒に暮らしていきたいという妻のたっての希望で、「総合ケア シーザル」による毎日3回の訪問看護と訪問介護、月水金のデイサービス、それに他施設でのショートステイや週1回の歯科衛生士による口腔清掃、そして週1回の宮原の訪問診察などを組み合わせて、何とか自宅での生活を続けている。「みなさんの助けがあるから1人でもやれているんやと思います」と言う藤原の妻。夜はその方が安心だからと、ベッドの下で寝ている。

藤原の場合は、パーキンソン病を第一病としたため難病指定が受けられて医療費はほとんどかからない。長期にわたるこのような手厚い支援も、介護保険の実費分ほどでまかなえている。

「総合ケア シーザル」は、ケアプラン策定事業所、訪問介護と訪問看護のステーション、デイホーム（通所介護）、それに住宅型有料老人ホームを併せ持つNPO法人で、岡山市の西部、西市というまだあちこちに田畑の残る住宅地にある。宮原はそこの理事長兼嘱託医で、山下は所長だ。宮原は言う。

「夜間の吸引回数が増えたり、肺炎などを併発して、奥さんがギブアップしたら入院ですね。病状に応じていつでもすぐにベッドを確保できるように2、3の病院と連携しています。でも施設にいる時とここにいる時では、藤原さんの表情が違うんですよね。だから可能な限り在宅での支援を続け、最期まで看守りたいと思っています」。

シーザルの方針で訪問スタッフはみんな白衣もエプロンも身につけていない。宮原だってチェックのシャツ姿だ。だからこの部屋は、一見、近所の人か友人達の楽しい集まりのように見える。

部屋いっぱいの笑い声、藤原夫妻の穏やかな笑顔。傾き始めた西日が、部屋を優しく包む。

＊＊＊

２００8年1月、私は義母を神戸市長田区にあるベッド数19床の小さなホスピスで看取った。86歳の母は末期のがんで、最期の時をそのホスピスで過ごしたのだが、痛みがそれほど激しいものではなかったせいもあって、それは本当に静かで穏やかな1カ月だった。寂しがりやの母だったのでいつでも誰かが一緒にいようと、夫や夫の姉妹と交替しながらの付き添い。時間軸の違う空間で少しずつ死に近づいていく母の顔を見ながら、私は不思議な安堵感を覚えていた。そして初めて、自分の「死に方」を思った。

実際、これまで病気らしい病気をしたことがない私は、自分がどんな所で、どんな風に老後を送りそして死んでいくのかほとんど考えたことがなかった。日々の生活に追われて考えるゆとりがなかったというのも事実だが、むしろ将来への不安に正面から向き合うのを避けて、なるようにしかならないし、まぁなんとかなるでしょ、と能天気を決め込んできたのだ。ただ、「痛いのはイヤだし自然に死んでいきたいから、緩和治療はしっかりやって延命治療はしないでいいから」と夫や子ども達には言っていた。が、単にそれだけのことだった。介護保険についても、老人施設についても、聞きかじり程度で詳しいことは何も知らなかった。

そんな私に、母の死は「あなたはどう死ぬの？ それまでどう生きるの？」と迫って来た。そうして、すぐ近くまで来ている自分の老後を含めて、高齢者医療や福祉に関心を抱かせてくれた。

宮原医師と最初に会ったのは、そんな２００8年の夏の終わりだった。

ある人から岡山市内にある小さな有料老人ホームの話を聞いた。ＮＰＯ法人総合ケア シーザルが経営していて、27平方メートルの個室はキッチン・バス・トイレが完備、1カ月の費用が15、6万円で入居一時金が１００万円、階下にはデイサービス、訪問介護ステーション、それに訪問看護ステーションがあってターミナルケアも可能である。終末期まで看てくれるケア付き老人ホームは、入居一時金が1千万円を超し数千万円というのもざらだ。1０0万円で入れるなんて、いったいどんな所だろう。一度覗いてみたいと思った。と同時に、その老人ホームの理事長である宮原伸二氏が、24年間、辺地で地域医療を実践してきた医者だというのにも興味を覚えた。地域医療の専門医が、なぜ有料老人ホームを経営するようになったのだろう。

そこで宮原に連絡を取り、話を聞きたい旨を伝えた。突然の依頼にもかかわらず、宮原はあっさりと受けてくれた。後で知ったことだが、宮原はどんな取材も時間さえ許せば受けている。自分の経験や知識が誰かの役に立てば嬉しいし、少しでも問題意識を持ってくれる人が増えてほしいというので、謝礼などは問題にせず、話を聞きたいという人がいれば時間の許す限り喜んで話をしている。

宮原はスマートな容貌で物腰も語り口もとてもソフトだった。医療や福祉についての大雑把で興味本位な私の質問に対しても、明解にとてもわかりやすく答えてくれた。

何より驚いたのは辺地での医療活動についてだ。彼の活動は、単に村のお医者さんとして病気の治癒や予防に奮闘するだけにとどまらず、さらにそこに住む住民達の意識を変えることによって、住民自らが健康についての学習や行事などを主体的に行い、生活や地域を見直すことで村を活性化し、住民みんなを元気にするというものだった。農村医療の医者の領域をはるかに超えた、こんな骨太でエネルギッシュな医者もいるんだぁ。私はちょっと呆気にとられた。

「地域医療の専門医がなぜ有料老人ホームを」という疑問は、宮原自身への興味と合わさってさらに広がり深まった。「もっと詳しく聞きたい」という私の申し入れを、宮原は快諾してくれた。そして冒頭の日となるのである。

ある在宅患者の家でちょっとした「音楽会」をするというので、シーザルを訪れる前にその家に立ち寄らせてもらうことになったのだ。

あの日私は、藤原夫妻の笑顔に自分を重ねてとても幸せな気分に浸っていた。このところ周囲でも老親介護の大変さをよく聞くようになっていたし、また「介護苦で親を殺人」という事件なども目にして、できれば子ども達のお世話にならず、最後まで自立して暮らしたいと思うようになっていた。とは言え、わがままな私は、おそらく今あるような施設には馴染めないだろうし、何より自宅で自由にしていたい。多くのヘルパーやボランティアの助けを借りて1人自宅で暮らすスウェーデンの老人達。彼らのようにはできないものだろうかと考えていた。

しかしスウェーデンは人口900万人、片や日本は1億2千万人。同じようなサービスが施行できるかは、在宅介護の現状からして大いに疑問だった。だから、藤原の妻の「みなさんのおかげで、夫も私も本当に安心して、毎日、自宅で幸せに暮らせています」という言葉は、私にとってはまさに天の声。訪問介護や看護のサービスをうまく利用すれば、今の日本でも在宅の寝たきり生活はできる。じゃ、この先だって何とかできるだろう。そんな気を起こさせる、まさに待ちわびていた答だった。後は、親身な事業所や医療者、介護者を見つければいいのだ。

しかしそんな幸福感も、シーザルへ向かう車中で宮原が放った一言で、一変した。

「これまで在宅介護は、言ってみれば特に希望するという人がやっていたんです。でも高齢者が急激に増えていくこれからは、間違いなく在宅介護をせざるを得ない状況になりますよ。そのため、すでに厚労省は在宅介護への施策を着々と進めていますが、うまく機能できるかどうかは疑問だし、第一今のままでは高齢化のスピードについていけないですよ。それに介護される側の視点なんて、彼らには少しもありませんからね、とても安心なんかできません。これから先、誰でもどこでも藤原さんのような手厚い介護生活が送れると思ったら大間違い。現実は在宅介護ではなくて、まさに『在宅放置』なんですから」。

〝介護〟ではなく〝放置〟。つまり、ほったらかしにされるということだ。

ショックだった。がしかし、何となくうすうす感じていたような気もする。10年後には団塊世代が70代に入っていく。今でさえ待機者が何10万人もいる老人施設に入るのは、至難の業になるだろうし、一般庶民が入れるような適正価格の有料老人ホームは応募者が殺到するだろう。医療者や介護者が2倍になったとしても――それも実現可能とは思えないが――安心して在宅介護を受けられはしないだろう。そうなったら、行き場はない、世話もしてもらえない、つまりは〝ほったらかし〟が急増するということだ。

冷静に考えてみれば、「在宅放置」の現実性はまったくうなずけるものだった。とは言うものの、一方でまた、そうはならないように国は何とかしてくれるのではないか、きっとしてくれるはず、と楽観視している自分がいた。

そんな私を見透かすように、宮原はさらに、「みんな危機感がなさすぎます。国に頼ろうなんて、甘過ぎます。すでに先は見えているし、第一、在宅放置はもう始まっていますよ」と言う。

療養病床の削減や医療報酬の改定で、医療の必要度が低いとされる患者やリハビリを受けている患者は長期入院ができなくなってきた。病院を追い出され「どこに行けばいいんだ」というたくさんの悲鳴が、すでに聞こえ始めている。看護難民、介護難民、リハビリ難民は現実にどんどん増えているのだ。

だとしたら、暮らしや命を守るため、私達にできることは何だろう。

「国に頼らない、若い人も当てにしない、自分達でやる〝老老介護〟ですよ」。

〝老老介護〟というと、老いた妻が夫を看たり、高齢の娘や息子が老親を看るというもので、イメージは暗いし、現に虐待や殺人にまで行き着き、社会問題化している。しかし、宮原の言う〝老老介護〟はそれとは異なる。

「元気な高齢者が寝たきりの高齢者を助けるんです。病気の看護や基本的な生活介護はもちろんプロにまかせて、その他のできることをやる。ちょっと声をかけたり、家にお邪魔して話をしたり、散歩や買い物に付き合ったり、つまり昔からあるご近所の助け合いで、その人らしい暮らし、その人の望むことを手伝うんですよ」。

近所付き合いが希薄な都市部では、待っていてもこんな関係はつくれない。地域で支え合うシステム、利用者の視点に立ったシステムとして新たに創り上げることが必要だ。それにはまず住民自身が危機意識を持つことである。

「今言われている医療崩壊も、そんなの他所事だと思っている間にすぐに自分達の町の問題になってきます。福祉も同じです。ただ医療と違って福祉は生活を支えるものですから、自分達でできることがたくさんあります。元気な人も元気でない人も、子どもも高齢者も身障者も、誰でもみんなが安心して暮らせるように、自分達で考え計画し、そして行動する。要は地域が力を付けることです」。

宮原が40年近く前に初めて着任した秋田県の寒村、由利郡象潟《きさかた》町上郷地区には、都市では見られないような数値の高血圧や貧血などの患者が溢れ、年寄りの多くは十分な介護もされないまま暗い部屋に、時には汚物にまみれながら放置されていた。多くの悲惨な、しかも待った無しの光景を前にした宮原は、医師1人では対処できないことを痛感した。しかし、どうしたらいいのか。

宮原は「村の元気」が個人の健康につながるという発想で、健康で豊かな村づくりを目標に、住民主体のさまざまな活動を展開した。住民達に健康に対する危機意識を喚起させ、生活や地域を見つめ直させることで、自分達の生き方を大切にする、そのための〝健康づくり運動〟に火をつけたのだ。村は「健康と文化の里」と呼ばれるようになる。

そして14年後、高知県の西土佐村（現在、中村市西土佐地区）からの熱い要請で、今度は強力な行政のバックアップの下、医療と福祉が見事に融合した村づくりに臨んだ。住民の提言が村の施策にも反映され、村の健康づくりがすべてに優先するという画期的なものだった。どちらも目標を共有化した住民主体の地域活動の素晴らしい実践例であり、事実、地域医療・福祉の一つのモデルとして今でも高い評価を受けている。そのシステムには、住民達を動かしたダイナミズムとともに、住民達の温かいまなざしが注がれているのは言うまでもない。

高知での11年を終え、現在、宮原は岡山という都市を舞台に、かつての村づくりのシステムを街に導入しようとしている。もちろん、医者が絶対的な力を持つ村と、さまざまな価値観が交錯する街では、同様なやり方でシステムづくりをすることも、またそれが同じように機能するということも、あるはずがない。当然、新たな手法を模索しながらのことだ。

在宅での自立生活を支援するには家族全体を支援する必要があるだろうし、地域で生活している者にしか見えないニーズもあるだろう。従来の公的福祉サービスだけでは解決できないことも多い。在宅介護時代を迎えた私達は、地域での支え合いを抜きにしてはやっていけない。

宮原がこれまでやってきたこと、今やっていること、そしてやろうとしていることは、私達にやるべきことへの手がかりを与えてくれるような気がする。少なくとも一つの方向は伝えてくれそうだ。

藤原夫妻の穏やかな生活のすぐ隣に、不気味にうずくまる『在宅放置』という冷たく暗い塊。何とかここからは逃れたい。その思いが私に宮原探求の旅を始めさせた。

医療と福祉を超えて暮らしを拓く

住民力で地域医療

——医師・宮原伸二の軌跡

【目　次】

第1章　農村医への道——東北大学医学部にて

医学への道

宮原伸二は1942（昭和17）年、父・誠一、母・喜美子の次男として、東京都世田谷区で生まれた。幼い頃から身体を動かすのが大好きで、小学校に入るや近所の子達と、家の周りに広がる原っぱで日没まで草野球に興じ、中学高校の部活動では野球漬けの毎日を送っている。

男の子が将来なりたい職業は、現在、小学生の男子だと野球選手、サッカー選手、医師の順で、中学生になると、野球選手、サッカー選手、学校の先生、医師となり、高校生では学校の先生、公務員、医師となる。これはベネッセ教育研究開発センターの調査によるもので、ここ何年もほとんど順位に変動はないという。宮原もまた、今も昔も変わらぬ世の男の子達と同様に、野球選手になる夢を抱いていた。

それにしても医者の順位がこんなに上位にあるというのは驚きだ。一昔前に知力や権威、権力の象徴としてあった「末は博士か、大臣か」というものが、単に医者に置き換わっただけなのか。それとも素直に人の役に立ちたいという正義感から出てきたものだろうか。そうだとしたら日本の男の子達も捨てたものではない。しかし現実には2009年医学部の定員は全国で8、560人。しかも偏差値の高さは並ではない。ほとんどの子にとって、思いはあっても夢の実現は極めて難しいということになる。

宮原が医師という職業を意識したのは、都立玉川高校2年生の時だ。野球の地区大会で早くに負けてしまい、夏休みにぽっかり穴が空いてしまった。そんな時、東京大学で社会教育学の教授だった父が、長野県の小さな村のフィールドワークに伴ってくれたのである。

ちなみにこの玉川高校、周辺に都立高校がなく、そこで宮原らの両親が中心になって市民運動を繰り広げ、開校した学校である。兄は他の高等学校に進んだため、誘致した学校に子どもが1人も行かないのは差し障りがあるだろうと親の気持ちを推し量り進学。新設校で進学熱もさほど辛辣な所ではなかったので、生徒会の書記長をしながら文化部の部長と野球部員をかけ持ちするという、いわば自由闊達な高校時代を過ごすことができたのである。

さて、長野の寒村で都会では想像もできないような貧しさを目にした宮原。特に経済的な事情で医者にもかかれないという現実には、『町と村で命の扱い方に差があるのはおかしい。自分が医者になって、少しでも状況を変えたい』と思ったと言う。それは青年の正義感やヒューマニズムからくる熱い思いであった。

しかし確かにそう思い、結果的には医師になるきっかけの一つにもなったのだが、しかし受験をする頃には一時の昂ぶりもずいぶんと薄れてしまい、『何があっても医学の道に進みたい』という一途な気持ちではなく、『他にこれといって行きたい学部もないし……』というものに変わっていたようだ。

父には医学部を受験する旨だけを話した。すると、「医学部だったら東北大学や信州大学などの地方に行け。そして地域のために役立つ医者になれ」と言われた。現場主義を貫いて東北や長野県の寒村に通っていた父にしてみれば、東北地方や信州地方の医療を支える大学の存在は大きなものである。しかし当時の宮原にはその意は伝わっていない。ただ「東北大学は社会科目が1科目少なかったから受けることにしました」と笑う。

受験、そして合格。喜ぶ宮原の中で、「地域に役立つ医者」というフレーズは、いつとはなしにフェードアウトして心の奥にしまわれた。

さて、宮原が東北大学医学部に入学したのは1962（昭和37）年で、卒業したのが68年の春。偶然の一致にしてはあまりにも運命的な遭遇だった。

というのも、61年はインターン制度に反対する声が全国の大学医学部で上がり始めた頃であり、68年はインターン制度が廃止された年なのである。日本の医学部におけるまさに最大の激動期に、宮原は在籍していたことになる。それはとりもなおさず闘争の渦に巻き込まれたことを意味し、実際、それが宮原に与えた影響は計り知れないものがある。もっと早く、あるいはもっと遅く入学していたら、ひょっとしたら宮原の医師としての人生は、今とは違うものになっていたかもしれない。

インターン制度反対闘争

そのインターン闘争とはどんなものだったのだろうか。

日本の医学教育は、第2次世界大戦までは、医学部を卒業すると国家試験無しに全員に医師免許が与えられ、その後、各大学の医局で先輩の指導によって卒後研修が行われるというドイツ方式が一般的だった。それに対して、1946（昭和21）年2月、連合軍総司令部（GHQ）の公衆衛生福祉局長のC・F・サムス大佐は、「医学教育改革について」と題した講演で、それまでのドイツ医学から、臨床研修を重視するアメリカ医学を規範とするように変革の必要性を提示した。

それを受けて翌年8月、国は国民医療法施行令を改正し、医師国家試験とインターン制度を導入。これにより医師を目指す者は全員、医学部で6年間の教育を受けた後に1年間、国の指定する病院で内科、外科、産婦人科、小児科、眼科など、多くの科を回りながら臨床実地研修し、それによって国家試験の受験資格を得ることになった。インターンで医師としての実力を身に付け、国家試験で医師に必要な知識と技量を測るというわけだ。医者になるための制度としてはなくてはならない大切なものだと言える。

しかし、このインターン制度、実際には多くの問題点を抱えていた。まず、当時は国立病院などの大病院でも指導医が不足し、教える側の体制が整っていなかった。しかも各科を短期間でローテーションするため、十分な研修が受けられず、さらに研修期間中は学生でもなく医師でもないため、不安定な身分での診療を強いられ、給与の保障もほとんどない。つまり研修とは名ばかりで、無給の研修医達は、現実には当直などのアルバイトで生活をまかないながら、指導医の不足で充実したカリキュラムもなく、いきなり外来診療を任されたり主治医として数多くの入院患者を持たされたりして、医療を担う戦力として便利に使われていたのである。

そこで、1954（昭和29）年11月、東大医学部1号館で全日本医学生連合結成大会が開催され、46大学の医学部中39校が出席して「全日本医学生連合」を結成。インターン制度を問うとともに、医局講座制に対しても論議する体制がつくられた。

医局講座制というのは、1人の教授が大学病院の診療科と医学部の講座のトップを兼ねることで、当時は助教授1人、数人の講師、数人の助手、それに無給の医師を数人から20数人従えて、教育、研究、診療、それに学内外

（関連病院を含む）の人事権のすべてを掌握するというものである。その様は、山崎豊子の著書で人気ドラマにもなった『白い巨塔』によく見える。無給医局員でも、教授の命令に従ってさえいれば、研究の便宜を図ってもらえたり、一定の年月で博士号も与えられるというメリットもある一方で、意にそぐわない時には飛ばされる。診療にしても研究にしても、各医局同士の横の連携などはほとんどない。まさに厳しい封建制度が存在していたのである。医学部の闘争は、この医局の閉鎖性を打破し、民主化を狙うものでもあった。

各大学の学生会ではインターン制度の矛盾や医局のあり方などが討論され、そうして60年、日米安全保障条約をめぐる安保闘争が起きると、歩を同じくして、インターンの不安定な地位と待遇、それに指導体制の不備に対して学生の不満が爆発。インターン闘争、および医局民主化闘争が本格的に展開されていったのである。

ただし闘争の主目的としては、インターン制度の廃止を叫ぶ大学、制度の内容の改善を求める大学、医局の解体を押し進める大学、医局の封建制を廃止して民主化を狙おうとする大学などさまざまで、闘争形態も対話中心であったり、ゲバ棒を振り回して実力行使したりと、これもまた各大学によって異なっていた。

63年8月には、全日本医学生連合が、インターン制度への国の給費、インターンの地位の明確化などについて厚生大臣に要望書を提出。65年3月には、医学部卒業者連盟を結成し、約2千名がインターンの願書提出を拒否することになる。そして67年、全国の医学部で集会やデモが繰り広げられ、そのうねりは3月12日、インターン制度完全廃止を叫ぶ医師国家試験阻止の実力闘争へとつながる。受験生3、150人のうち405人しか受験しないという異常事態を招いたのである。

学生の動きとは別に、国立大学医学部長会議も62年5月にインターン制度廃止の決議をし、64年5月には制度廃止を決定。厚生省医師試験審議会も67年度2月、インターン制度廃止の答申をしている。

こうした状況を受けて68年5月、医師法が改正され、制度は廃止されることになる。6月には新受験資格による医師国家試験が実施され、前年度の試験をボイコットした学生と新卒業生が受験。この年にも受験を拒否する学生は居たが、その数は前年度とは比べ物にならないほどわずかだった。7月には、医師免許取得後に2年以上、臨床研修を行うよう努めるものと定められた。そしてこの研修医制度は、２００４年4月スタートの新臨床研修制度まで続くのである。

制度廃止以降も大学によっては闘争が続けられたが、逮捕者が出たり大学による大量処分が行われると、各大学とも急速に沈静化した。闘争参加者を退学処分にするレッドパージで、最終的には２００人以上に及ぶ学生が処分された。このスチューデントパワーが、69年の東大安田講堂での学生と機動隊の攻防に至る全共闘運動の下地となったと言われている。

東北大学〝ヨンサン卒〟

宮原が在籍した東北大学におけるインターン闘争はどういう状況だったのだろうか。

東北大学では、インターン制度の改善と医局の民主化を図ることを目的に、対話を中心としたねばり強い活動が続けられた。ただ一つだけ、他大学のそれとは趣を異にするものがあった。それは闘争の終盤、大学医局への非入局を宣言した学生の中から発想された「東北大学三者協議会」の存在である。

東北大学医学部には1946（昭和21）年スタートの「教室員会」というのがある。東北大学星陵《せいりょう》地区の研究・教育・診療の発展に貢献することを目的とした組織で、教授以外のすべての教室構成員が、教授会と肩を並べて、さまざまな課題に取り組んできた。これは、国内外にも類を見ないもので、この委員会の1968（昭和43）年度委員長、石川 誠が学生の提案を受け入れ、研修先の病院や大学（教授会、教室員会）に呼びかけて、東北大学三者協議会を設置。学生、病院、大学の3者による話し合いで初期研修を進めることにした。卒後教育は、施行されている法律とは無関係に、研修を受ける学生の要望や、現場で診療に従事する医師達の意見を聞いて、東北大学として望ましい研修形態を確立していこうとしたのである。

この三者協議会を提案した学生が、昭和43年卒業の学生、俗に言う〝ヨンサン卒〟である。インターン制度がなくなったのがこの年の卒業生からで、昭和43年は医局民主化闘争のピークとなった年でもある。それが全国的に〝ヨンサン卒〟という新語を生み、医者の間ではすこぶる有名な言葉となった。

もし2人の見知らぬ医者が出会ったとして、どちらもヨンサン卒、あるいはその前後の卒業年度生ということが分かれば、彼らはたちまち意気投合できると言う。それほど重要な意識を共有しているのである。ことに東北大学のヨンサン卒は、自分達で研修制度を創り上げたというその独自性と結束力で、全国に異彩を放っている。

具体的な動きについては、インターン制度の廃止後、他大学では大学病院で数多くの研修医を抱えることになったが、それに対して東北大学では、医師免許を取得した後、ヨンサンの全員が大学の医局には入局せず、それぞれが選んだ病院に赴いて3年間の臨床研修を行ったのである。そしてその間、三者協議会によって相互チェックや連携が行われ、それは大学と各病院との緊張感や風通しの良さにつながり、一方ではまた東北地方の病院への人材確保と、地域での優れた実地研修へと結実していった。まさに現在実施されている卒後臨床研修の理念に通じるものであり、東北大学医学部とヨンサン卒の学生が、時代を先取りしたものと言えよう。

東北大学三者協議会は、１９９３（平成5）年、艮陵《ごんりょう》協議会と名称を変更したが、大学病院と関連病院が協力して医師を育てていく東北大学独自の伝統は、２００4年に始まった新たな臨床制度後も継承されている。東北大学の卒後研修が、特に東北大学方式と呼ばれるものになったのは、この三者協議会が新たな道筋をつけたからであり、さらにその道をヨンサン卒の学生が、落伍者を出すことなく渡りきったからである。

そして宮原は、この栄えある東北大学ヨンサン卒の1人なのであった。

弾む青春と悲壮な闘争

宮原のヨンサン生活をひもといてみよう。

宮原が大学に入学した当初、大学はまだまだ牧歌的であった。東北大学には、授業に出なくても参考書などで自習し、一定の点数さえとれば進級できるというおおらかな学風があった。宮原は、興味のある社会学や哲学、それに文学の講義をもぐりで受講したり、野球部にも入って、練習はさほど熱心ではなかったが、ほとんどの試合に参加する。

「麻雀もしたし、社交ダンスもかなり夢中になりましたね。夜遅くまで飲み歩いて、閉め出されては2階の窓から部屋に入ったり。一度なんか、夜中に仲間達と大声で歌いながら寮の前を通ったら、うるさいって、屋上から小便をかけられましたよ」。

時間が許せば社会派系のサークル活動にも顔を出していた。セツルメントと社会生活部である。

学生セツルメントは、イギリスのケンブリッジ大学やオックスフォード大学の学生が、貧民街に入り隣保館（セツルメント）のボランティアとして医療相談や法律相談、学校に行けない子どものための教育事業を行ったのが始まりで、日本には大正時代に紹介され、東京帝国大学の学生を中心に活動が開始されている。60年代、高度経済成長の進展と共に極貧層が少なくなるにつれ、学生セツルメント運動の存在意義は見えなくなってきていたが、まだ活動としては残っていた。常時参加は無理なので、こちらの方は数回で止めてしまったが、社会の底辺を覗いた意義は小さくなかった。

社会生活部は、年に2回、東北地方の山間部の農村に入って基本的な生活調査をするものだったが、無医村に行くこともあり、短期間、それも垣間見ただけではあるが、医者が居ないことがどれほど住民の心を蝕むかを知ることになる。自分が行くだけでも、少しは事態が好転するはずだ。医者の使命を感じた。

夏や春の休みには、同級生達は病院で日給８００円という当時としては破格の高給アルバイトをしていたが、宮原は、卒業したら病院で働くことになるんだから、今のうちに面白そうなことをやろうと、ビアガーデンのボーイをしたり、鍋を作る小さな町工場で汗を流す。何でも見てやろう、やってやろうの精神は、この頃から全開したようだ。やんちゃなシティボーイは、時に生真面目に、時に大羽目外しで、北の杜の青春を大いに謳歌したのである。

それでも3、4年次の頃になると、頻繁にクラス集会が持たれるようになり、白衣デモや街頭署名運動など、慣れない活動にクラスの大多数が力を合わせることになる。初めは声も出せなかったシュプレヒコールも、回を重ねると大声で叫ぶことができるようになった。1つの目標にみんなで向かう高揚感が、全身を包んだ。

宮原は医学祭の実行委員会にも名を連ねる。医学部闘争に大学の移転反対闘争も加わって、学内は立て看板が所狭しと立てられていたが、その上に医学祭のポスターなどが貼られて、一種独特な熱気が醸し出されていった。宮原は、さまざまなイベントの企画から交渉、そして準備、運営と積極的に関わって、祭りの醍醐味を大いに味わう。祭りは、関わる人すべてを元気にする。この経験が、後述の上郷での健康祭へとつながることになる。

さて、5、6年次になると、様相は一変。闘争の深刻度は急速に増していく。67年3月に行われた42年卒業生の国家試験は、全国で9割近い学生が受験を拒否。東北大でも多くの学生がボイコットした。その日、仙台の上空には小型のチャーター機から、バリケード封鎖する学生達に向けて、「今からでも遅くない。試験場から出てください」という呼びかけがなされ、会場周辺は騒然とした空気に包まれた。

当然、翌年の国家試験に向けても、受験拒否への働きかけがなされる。前年のボイコット組は、「自分達はインターン制度の完全廃止に国が本気で取り組む姿勢を見せるまでは国家試験を受けず、医師にならない。その責任は、これまで重要な課題を放置し続けてきた国にある」と主張。宮原らヨンサン組に対しても、当然ボイコットするべきだと強要してきた。

しかし、それでは問題の解決にはならないのではないか、というのがヨンサンの考えだった。そもそもインターン制度そのものが悪いのではなく、現実に充分な研修が行われていないこと、それに身分の保障がないことが問題なのだ。討論を重ねた結果、ヨンサン卒としては、国家試験は受験して医師免許を取り、その上で、内科、外科、婦人科は基礎科目とし、その他の科目は個人で選択することにして、とにかく3年間は自主的に臨床研修しようということで一致した。

「資格を取ってからしっかりやろうということで、まずボイコットはしない。そして3年間は医局へ入局もしないし、大学院にも行かないということを決めたんです。今から思うとさほど大したことでもないようですが、しかし当時としてはへたをすると医者になれないかもしれないってことで、裏切り者を出すなって、それはもう悲壮でしたよ」。

国家試験を受験し、その上での非入局自主研修を自分達の闘争とする。ヨンサンのそんな方針に対して、ボイコット組からはもちろん、先輩医師達にも翻意を促され、また全国の大学からは運動の闘士達がオルグにやって来た。宮原の著書『村づくり聴診記』（合同出版　1978　12ページ）の中に、その時の様子が見て取れる。

「君、医局にも入らない、大学院にも進まないじゃ、長い目で見ればずいぶん損だよ。博士号も取らないんだろう。それじゃ病院に居ても出世はできないし、大学に戻ったって下働きだけだよ。それに、開業したって箔が付かないしね。君達の言う理屈は分かるが、つまらぬ正義感なんか早く捨てるべきだよ」

「君、この運動に後輩も付いてくると思っているのかね。10年経って、後輩に先を越されて、あごで使われて、我慢できるのかね。勉強なんかは、本人がやる気があれば、いかなる条件の下だってできるんだよ」

宮原自身、非入局闘争に賛成はしたものの、正直、将来のことを考えると損得勘定が頭をかすめたと言う。医局の存在も簡単には否定できず、このままでは拠り所にする場所もなくなって、不利なことになるのではないか。気持ちは大きく揺れ動いた。

しかしこれは宮原１人の思いではなく、ヨンサン卒みんなが同様に感じたことなのだろう。だからこそ、１人の裏切りも出せないという悲壮感が漂ったのだ。

目指すべき医師像

さまざまな不安を払拭し闘争に留まらせたのは、学生の医学への真摯な対峙だった。クラス討論では、インターン制度や医局の民主化に関わる問題だけでなく、むしろそれ以上に医学や医療そのものについて、医療制度や健康づくりについて、さらには医師とはどうあるべきか、医師として自分はどう歩むべきかなど、テーマは際限なく広がっていった。

「例えば、大学は患者の病気だけを見て病気の根源である生活に目が向いていないのではないか、大学は患者を人体実験にしてるんじゃないか、医療制度の問題は低医療費政策にあるんじゃないかなど、いろんな問題が次々に浮き彫りにされました。そしてこれから医師としてどう生きるのかとか、誰のために、何のために医者になるのかなど、夜を徹しての議論がつきませんでした。しかし結局はすべて、医者は社会に役立つべき存在であり、そのために自分はどうあるべきかという、自分自身を問う議論なんですよね。それで結果として社会派の医者に目覚める学生が多くなり、他の学年に比べて村や地域で頑張ろうと考える者が増えたんだと思います。研修では、民医連*の病院に十数人行きましたよ。民医連は一般の病院より地域に密着していますから、患者の生活から学ぼうということですよね」。

＊全日本民主医療機関連合会の略称。１９５３年に医療に恵まれない人のための要求に応えようと設立された、地域住民と医療従事者が「命は平等である」という考えの下につくった民主的医療機関。

『なぜ医者になろうと思ったのか』『どんな医者になりたいのか』、宮原も自身へ問いかけた。そうして明確になったのが、「地域に役立つ医者になる」ことだった。それは、宮原にとっては、入学時の初志でもある。とは言え当初は、がんの大家や循環器の権威になりたいと明言する級友達の中で「農村医になりたい」と言うのは、何となくかっこ悪い気がして、聞かれた時にはいつも笑ってごまかしていた。しかし仲間と討論を進めることで、僻地医療に尽くすことの重要さと、農村医としての自負が増してきた。志を同じくする仲間が出てきたことも大きな自信につながった。

心の奥にしまっていた父の言葉がフェードインしてくる。自分の道が見え始めたようで、心が弾んだ。

そんな時、秋田県の本荘市にある由利組合総合病院の院長、和泉昇次郎が、医師招聘のために大学にやって来た。和泉は学生を交えた協議会の席で言う。

「地域医療に共に携わってくれる医者を求めている。しかしいったん病院に入ったら、勉強などと生半可な考えは捨てたまえ。住民医療を担う医療機関の一労働力だという考えに徹するべきだ」。

インターン闘争の真っ只中だ。学生達はカッとした。宮原もこの時の和泉を「大反動」と呼ぶ。まさかこの先、彼が自分の人生を決めさせる人物になろうなどとは、まったく思いもよらなかった。

闘争は、医師としての生き方を示してくれた。討論を通して、進むべき道についての基本的な考えも定まった。しかしそれはあくまでも頭の中だけのことであり、実際に身体が動くかということになると、話は少々厄介なことになる。気持ちは決まったとしながらも、他からの有利な誘いがあったり、気持ちがすくむ言葉を投げかけられたりすると、正直、宮原は迷った。経済的なこと、社会的なこと、まだまだ農村医のステータスは高いものではなかった。

結局のところ、具体的な行動や活動の場は、闘争や討論といったものではなく、やはり生身の人間との直接的なふれあいによって決まってしまうことが多いものだ。和泉昇次郎との2度目の出会いがそれである。

和泉昇次郎との出会い

和泉のことを「大反動」と呼んだ時には、宮原は和泉のことを深くも知らず、ただ言葉尻をストレートにつかまえてそう言ったにすぎなかった。しかしその後、「秋田にすごい先生がいる」と聞き、それが和泉だと知ると、すぐに伝手を頼って1カ月の実習をさせてもらうことにした。

1966（昭和41）年、医学部5年生の夏休みである。当時、由利組合総合病院はベッド数800、東北では1、

2を争う病院だった。

「病院に着くなり院長に、一緒に来いって鳥海山の山奥に連れていかれたんです。出張住民検診ですよ。でもぞろぞろやって来る村の人達に、やってることといったらほとんど診察と同じで、薬も出してるんです。見ると一週間分の量なので、また来週も来るんですかって聞くと、そんなこと聞いてくれるなよって言うんですね」。

次の検診は3カ月先。医者にかかれない無医村の住民を見かねて、薬だけでもと無料で渡しているのだ。医療の恩恵を享受できない農民の実態に、宮原は改めて無医村の現実を突きつけられた。

驚かされたのはそれだけではない。和泉はというと、高血圧で安静が必要な身体なのに、濡れたタオルで額を冷やしながら現地に向かうのだ。とても暑い日で、移動の車中でうなっているその姿に、住民の健康を守るためにはこうまでしなくてはいけないのかと、襟を正す思いがした。それとともに今の医学教育に欠けているもの、医師の職業倫理に欠けているものが、ここにあると思った。

1951(昭和26)年、和泉はわずか28ベッドしかない由利組合病院に、仙台の大学病院から赴任した。以来25年、「最高の医療を最低の医療費で」をモットーに、設備の充実と病院の拡張に努め、治療はもちろん、特に保健活動には積極的に取り組み、地域での住民検診活動を率先して展開した。

そんなやり方に地元医師会などからは、「患者集めの地引き網」と非難が寄せられたこともある。しかし病院へは手遅れの患者が次々にやって来るのだ。待っているだけでは農民の健康は守れない。治療に全力を尽くすのはもちろん大事だが、その一方で進んで村の中に入り、病気を早期に発見することの方がより大切ではないか。「予防は治療に勝る」ことの重要性を、和泉は身をもって示していた。

また、由利組合病院は剖検率100%に近い施設として全国的にも有名で、患者が亡くなると、担当の研修医はみんな解剖させてもらうことができた。大学の授業での解剖と違い、病歴や死因を踏まえての解剖には納得できることが多い。その後、高血圧の診療や研究に携わることになったある研修医は、最も多かった脳卒中での死亡では、圧倒的に脳出血が多く、さらに脳出血の最大のリスクファクターは高血圧であり、これをコントロールしないことには脳卒中は予防できないことを肌で感じたという。和泉は、農村医療を目指す多くの若い医者も育てたのである。

翌年の夏休みにも宮原は和泉の元を訪れる。

「大切なのは住民から学ぶことだよ。何を食べているのか、どんな生活をしているのか、生活の視点から診なければ、病気なんか分かるはずがないんだ。確かに保健に対する農民の意識は低い。検診に来る住民はいい方で、病院に来るのは、言ってみればエリートだ。しかしいちばんの問題は貧困だよ。貧乏だから体の調子が悪くたって1日も仕事を休めない。肉だって食べるのは1週間に1回でも1月に1回でもなくて、年に2、3回という家もあるんだ。これじゃ貧血にもなるし、おまけに重労働だから早老になるのも当たり前だよ。社会的、経済的条件をよりよくするために、地元の住民だけじゃなく、行政も農協も、それにわしら医者も、みんなが一緒になって頑張らないと、農村なんかよくならない。農民だって健康にならないよ」。

大学では聞いたことのない言葉に、頭をがーんと打たれたと言う宮原。ただ、こうも思った。和泉がやっている「出向く医療」では、生活の一部を覗くことはできても、農民達の本当の暮らしや心は見えてこないのではないか。やはりそこに住み生活を共にしなくては。宮原の中で、農村に「真の勉強の場」を求めてみようという気持ちが強まっていった。

貪欲な自主研修

卒業、国家試験と慌ただしく日々が過ぎた。いよいよ自主研修である。東北大学ヨンサン卒は、三者協議会との話し合いで、研修病院は大学病院や附属の研究機関も含めて約30の総合病院とし、3年間のローテーションで内科、外科、婦人科は必須とし、その他に3科以上を回ることになった。

内科医になると決めていた宮原は、「一人医師診療所」への赴任を考えて、一般内科、小児科、小児外科、整形外科、産婦人科を重点的に勉強し、その合間に眼科、耳鼻科、皮膚科、泌尿器科などの研修をすることにする。

まず向かったのが、福島県のいわき市にあるいわき市立総合磐城共立病院で、半年間の外科研修である。

「基礎的な訓練を受けようと思って行ったんですけど、多かったのは痔の手術後の処置でした」と苦笑いする宮原。とは言え、普段の診療に欠かせない縫合技術はしっかり体得したようだ。

次は宮城県の公立気仙沼病院。ここには2年間滞在し、院長や医長に依願してさまざまな便宜を図ってもらう。例えば内科で自分が盲腸と診断した患者を自分で手術したり、他の科にも関係する患者は後を追ってその科での検査や治療を続行したり、検査室に了解を取って心電図、肺機能、血液検査など、できる検査は可能な限り自分でするようにした。また内科に週4日出て、後の2日は小児科を回り、外来ばかりでなく入院患者も持たせてもらう。夜勤も積極的に行って救急への対応も勉強した。

そして最後の半年は、東北大学附属病院に結核研究のために造られた抗酸菌研究所で呼吸器系の病気について取り組む。

「病気や手術など、一度見るのとまったく見ないのとでは大違いですからね。とにかく何でも見ておきたいからって、もう図々しさ一本でした。特に気仙沼の病院では、眼底くらいは見たいですから、時間があれば眼科医の先生の所に行って教えてもらったり、耳鼻科の先生の所に行って患者の耳を覗かせてもらったり、じっとしてる時間なんかほんとになかったですね。でもそれでプライマリーケアのいろんなことができて、そこそこ全科に対応できるくらいにはなりました」。

研修期間を実のあるものにできるかどうか。それは本人次第だという宮原。大学での医学教育が臓器別に専門分化される中、特に彼の場合は、農村の診療所を一人医師でやっていくという思いがあったので、頻繁に関わることになる外傷や疾病には適切に対応できるよう、プライマリーケアの基本的な診療能力を身に付ける必要があった。だからこそ宮原は、どんなに図々しいと思われようが自身の目指す研修に突き進んだのだ。

2004年にスタートした新しい臨床研修制度は、プライマリーケアを中心にした幅広い診療能力の習得を目的としている。後の章でまた触れることになるが、これはまさに宮原が目指したものである。それだけに臨床研修に対する思いは強い。

「臨床研修は専門家を目指すのではなく、人間を丸ごと診られるように医者の基礎づくり期間にするべきだと思いますね。健康づくりから治療、リハビリテーションまで、元気な頃から亡くなるまで、小児から老人まで、とにかく何でも基本的に診られるようにするべきです。それと医者としての良識も身に付ける、そういう期間であるべきですよね」。

医療の本質を教えた1通の手紙

人間の気持ちというのは複雑である。なかなか一筋縄にはいかない。「人間を丸ごと診よう」と臨んだ研修だったが、宮原の中には自分でも思いも寄らないものが潜んでいた。医師の使命という落とし穴である。

宮原は1通の手紙を受け取った。それは指導医から初めて主治医を任された患者の妻からのものだった。患者は42歳、末期の胃がんですでに肝臓や膵臓にも転移し、腹水も溜まっていた。食事はまったく取れず、全身が衰弱し寝たきり状態で入院。どう見ても1、2カ月の命であった。

宮原は何とかして余命を延ばしてあげたいと張り切って治療に努めた。この期に及んでの告知など考えもしなかったし、家族へも病状の説明はするが、治療方針などは医者の判断で決めればよいと思っていた。

患者が痛みを訴えても、命を縮めるからと痛み止めの使用は極力避けて、麻薬もまったく使用せず、その代わり抗がん剤を次々に投与した。患者は吐き気や全身の異様なだるさを訴えながら、病状は確実に悪化。2カ月後に死が訪れた。

死の直前、宮原は治療の邪魔になると家族を病室から追い出し、30分間心臓マッサージと人工呼吸を続けた。それが医師としての最後の誠意であると信じて疑わなかったのだ。

手紙には、こうあった。

「あなたがなさった治療、それがいったいどんな意味を持つのですか。確かに主人は42歳と若かった。だから、何とか長生きさせたいというお気持ちはありがたかったです。しかし、がんが不治の病であり、すでに全身に転移してしまった以上、治すことができないことは、あなたがいちばんよく知っていらっしゃることでしょう。

最後のひととき、私達を部屋の外に出し、主人が冷たくなってから、残念ながらお亡くなりになりましたと言われても――。せめて、まだ脈のあるうちに主人の手を握らせてくださり、主人を天国へ送り出すことができれば、悲しみの中にもいくばくかの安らぎが持てたのではないでしょうか。

それが末期がんの人の死なせ方だし、死に方ではないのですか。あなたは長生きさせることに夢中でしたけれども、どう死なせるかということにはあまりにも無関心だし、無神経でした。あなた、いや、あなたがた医者は死に馴れっこになってしまっているから、家族の苦しみなどもまるでお分かりにならなかったようですね」

それは全身から血の気が引くような衝撃だった。患者を丸ごと診ると言いながら患者の臓器のみを診、そして何より患者の死は、医者の敗北と考えていたのだ。だから、「治せないのなら延命を図る」。それが医療の目的だと。宮原は何度も手紙を読み返した。そして、医者は物を相手にしているのではない。心を持った人間を相手にしているのだ。そのことの意味を、医療の本質を教えられた。

「医療が心のある人間を相手にするのであれば、患者の生活が見えにくい大学病院や大病院ではダメだと思いました。そこではどうしても臓器が中心になってしまう。だから人間の暮らしが見える所に行こう、そして人間そのものを理解して本物の医療を目指そうと思いました」。

人間は必ず死ぬ。多くの人がよりよい終末期を迎えることができるように努めることも、医者としての大切な任務なのだ。そのためにも人の暮らしの中に入って行かなくては。そして、人間の生き様を目のあたりにして、丸ごとの人間を相手に闘っていこう。それが自分のやるべきことだと、宮原は悟った。

3年間の研修を終えた時、東北大学ヨンサン卒の仲間達はいったん大学に戻った。そして医局に戻りたい者はそのまま医局に入り、研修を続けたい者は各所で研修を続け、それぞれが心に期した道を歩み始めることになった。

宮原は、東京のあるがんセンターで胃のファイバースコープの研修医募集に応じた。もう少し研修を続けようと思ったのだ。しかし、数日後、1日中カメラを覗く自分にハッとする。

『俺はいったい何をやっているんだ。研修がまだまだ不十分だと自分に思わせているだけで、実際は踏み出すべき一歩を先延ばしにしているだけじゃないのか』。

その時、目の前に和泉の顔が浮かんだ。宮原はすぐに受話器を取る。

そして、その1カ月後、若い農村医が誕生することになる。

第2章　先進的地域医療を目指して

——秋田県上郷にて

医者の居ない診療所

宮原の地域医療は、1971（昭和46）年4月、秋田県の南端にある由利郡象潟町《きさかた》上郷で始まった。

象潟町と言えば、『奥の細道』にある、

象潟や雨に西施が合歓《ねぶ》の花

という句で知られている。芭蕉が歩いた頃は、南北4キロメートル、東西2キロメートルの潟に九十九の島が浮かんでいたという。西施は中国の四大美人の1人で、西湖に入水したとされているが、芭蕉は本文中で、「俤《おもかげ》松嶋にかよひて又異なり、松嶋は笑ふが如く象潟はうらむが如し」と、西施が入水した悲運を偲び、象潟を西湖に擬えて憾《うら》む、つまり悲しむ女性の象徴として詠んだのである。芭蕉は男性的な松嶋よりもこの女性的な象潟に憧れたようだ。しかしこの景勝も、文化元年（1804）の大地震で地面が隆起して失われ、面影は残しているものの象潟のどこが松嶋に似ていたのか、今では首をかしげる風景になっている。

上郷地区は、その象潟町（現・にかほ市）から約6キロメートル、鳥海山の1合目辺りにある。宮原が赴任した当時、町を抜けると民家ひとつ見えない広い原野を上った標高150メートルの台地には、12の部落に518戸、約2千5百人の住民が暮らしていた。

診療所は12の部落のおおよそ中程に位置する小滝部落にあって、昭和初期に秋田県立上郷診療所として設立され

上郷中心部の家並み（1972〜3年頃）

た。その後上郷村立診療所になり、さらに町が秋田県厚生連に経営を委託して由利組合総合病院の診療所となる。設立から43年間は医師が常駐していたが、宮原が行くまでの3年間は、週1回、午前中だけの出張診療で、それもすぐに途絶えてしまった。そうなると無医地区である。住民は病気になれば町に行くしかなかった。

ほとんどの住民は、昼間は1時間半に1本のバスを利用し、医者通いは半日、待ち時間を入れると1日仕事で、町に行くので服装にも気を遣わなくてはいけなかった。それでも高血圧や糖尿病など、急を要さない慢性病はまだいい。脳卒中などの急患になると、もうまったくのお手上げ状態だった。

診療所がないならまだしも、診療所はあるのに医者が居ないという現実は、住民にとってはいっそう耐え難いものである。常駐の医師を望む声は、特に老人や主婦の中に高まり、町や由利組合病院に何回となく請願書が提出された。町議会での話し合い、病院から大学病院への働きかけなど、幾度となくなされたが、努力の甲斐もなく、悲願の達成できない日々が過ぎた。

そんな時突然、診療所本院の院長から「診療所を見たいという若い医者がいるので、見学させてくれ」という電話が役場に入った。何の伝手もない医者からの突然の申し出である。降って沸いたような話に町役場も農協も大騒ぎになった。

翌日、宮原は1年前に結婚した妻、美樹を伴って上郷を訪れた。美樹は看護婦で、寒村の診療所で夫が医療に携わることに異論はなかった。農協の参事や町役場の助役が、まさにすっ飛んで来て2人を出迎えた。

「上郷はいいどごです。雪は50センチほどしか降らないし、秋田県の熱海と言われています。住民も明るくて、よそから来た人もよそ者扱いはしませんし、人情味豊かな所です。ぜひ来てください」。

「3年間無医地区になってしまって、住民はとっても困っていました。脳卒中も多く見られ、みんな医者のいない悲哀をしみじみと感じています。冬の間、道路は完全に除雪されますから何の不便もありません。何とかぜひ……」。

宮原はすでに上郷で働くことを決めていたが、それを知らない参事や助役は、説得しようと必死だった。雪の話は自分が東京生まれということを聞いたからだろうと、宮原は微笑ましく思った。

情熱で説き伏せた赴任

上郷診療所の本院は由利組合総合病院であり、その院長とはもちろん和泉昇次郎のことだ。和泉と出会って農村医になることを決意した宮原は、卒業後の研修の日々をそのための準備に費やしてきた。そして3年後、和泉に連絡を取ったのである。

和泉はすぐに仙台にやって来た。2人は東北大学医学部同窓会館の艮陵《ごんりょう》会館で会った。

「先生、私を由利組合病院の診療所で使ってもらえませんか?」

宮原の単刀直入な申し出に、しかし和泉はすぐに承諾しようとはしなかった。もちろん若い医者はのどから手が出るほど欲しい。ましてやなり手のない診療所の医者である。しかし、農村は外部から入って上辺だけ見るのと、中に入って内側から見るのではずいぶん異なるものである。だからこそ行きたいと宮原は言うが、若い医者を「一人医師」として農村に送ることが、どんなに厳しい世界に遭遇させることになるのか、和泉は嫌というほど知っている。また卒業後5年から10年という、医者にとって最も大事な修業の時期に新しい医療技術も情報も入らない農村に来て、もし途中で投げ出すようなことにでもなれば、それこそ1人の医者の未来を潰すことにもなる。過去の経験から挫折の危険性の大きさを、和泉は十分過ぎるくらい分かっていた。安易な気持ちでは「来い」とも「頑張ってみろ」とも言えはしない。

基本的な勉強はしたから、後は実践で自分の道を見つけたいと言う宮原に、それならまず由利病院で何年か働いて、農村の実状を把握した後で診療所へ行ったらどうかと言う和泉。話はなかなか進まない。

「和泉先生は僕が軽い気持ちで言っていると思われたんでしょうね。和泉先生は以前に、農村は社会的にも経済的にも問題が大きく、その面からやり直さなければ農民の健康づくりなんてできはしないと言われた。だからこそ僕は、地域の保健意識が十分に向上するまで、患者を待つ医療ではなくて、病気の人を探し歩く医療をやってみたいと話しました。そして、そのためにも地域に定着して、住民から信頼され、生活面から医療を考えるような保健活動をしていくつもりだと」。

若い今だからこそできるのだと、宮原は必死に和泉を説得した。そうしてやっと、「じゃ、一度上郷へ行き、農協や町の人と話して地区内でも見て来るか」ということになった。そしてあの下見の日になったのである。

下見から戻った宮原を、もう和泉は押し留めることはなかった。

受け入れを認めてくれた和泉に、宮原は3つの条件を願い出た。町の病院に負けないだけの設備とスタッフを揃えること、診療所の赤字に文句を言わないこと、そして週に1回の大学通いの容認である。

病気を未然に見つけ予防に力を注ぐにはレントゲンや眼底検査機は欠かせないし、薬漬けでない生活指導型の医療を実行すれば儲けにならない。たとえ田舎の診療所でも最新の技術と知識がなければ住民に真の医療サービスはできないし、一人医師としてまだまだ学ばなくてはならないことが多い。これが3項目に対しての宮原の言い分だった。

和泉は「君の納得のいくようにやれ」と、すべて認めてくれた。そして、務まるかどうかも分からない若い医者のためにそこまですることはないという病院医達の反対を、院長権限で押し切ってくれた。若い医師の情熱を本物と見抜き、それを支える度量を持っていたのだ。

和泉との出会いがなければ、そして和泉の後押しがなければ、28歳の上郷診療所長は誕生していない。

想像を超えた農村の実態

3月30日、宮原は真っ白な鳥海山が眼前に迫る小さな診療所に、身重の妻、美樹を伴って着任した。卒業後、3年の研修を経たばかりの28歳の新米医師は、この地で理想の医療を目指すという熱い思いに燃えていた。

「医者が来た」というビッグニュースはあっという間に村に広まり、その夜の歓迎会は上郷のお歴々が集まって盛大に催された。東京育ちのハンサムな先生は、席上で妻の肩を抱き、

〽こよなく晴れた青空を～♪

と、『長崎の鐘』を陽気に歌った。のんきに歌を歌う、しかも女に優しい若先生。頼りなげに見えたのだろう、大半の住民はありがたいと思う先から「あんなワゲー医者、いつまでもつだが」と心配したという。

翌日、さっそく診療を開始する。和泉との間で赴任の条件としていたレントゲン室や各種の設備はまだ揃ってなく、看護婦2人と心電計1台だけのスタートだった。狭い診療所に患者達がぽつぽつと現れた。

「じっちゃん、血圧を測りますよ」。

腰は曲がっているし顔も年齢よりずいぶん老けて見えるが、百姓仕事で鍛えられた上腕は筋肉がしまっている。じっちゃんの血圧は水銀を押し上げる。でもどうしたことだろう、いくら水銀柱を上げても最高血圧が測定できない。血圧計を取り替えてみるが、同じだ。測定可能な280を超えてしまう。患者の緊張もあるだろうが、大学病院ではついぞお目にかかれない高血圧だ。

「こんな血圧の人、他にもいるの」。

「血圧が200数十の人なんてざらですよ。でもみんな普通に働いてます」。

看護婦長は、当然のように澄まして答えた。

次は若いかっちゃんだ。身体がだるいからいい注射をしてほしいと言う。顔色が悪く、心雑音も聞こえる。血液検査をするまでもなく貧血と分かる。

「かなりな貧血なので、原因を調べるために検査が必要ですね」。

そう言うと、かっちゃんは不満そうな顔をしながらも「はい」と帰って行った。

「先生、検査ということをあまり言わない方がいいですよ。特に血を採られるのは嫌がるし恐怖心も持ってます。それに検査にはお金もかかるし」。

それから数カ月、看護婦長の忠告通り彼女は診療所に姿を見せなかった。その後の検診によると、血液濃度は通常値の半分以下で入院治療が必要なほどだった。にもかかわらず、毎日10数時間働いているのだ。

農村としては比較的豊かな上郷の住民でさえ、病気がぎりぎりの状態になるまで診療所にはやって来ない。ましてや検査など、無駄な出費以外の何ものでもない。簡単な検診さえ思うように行えないという問題に、早々とぶつかった。

その後も高血圧だけでなく貧血、がん、腰痛症と、想像以上の重症患者が待合室を埋めた。そして1回の支払いが千円を超えると、患者の受診回数は明らかに少なくなっていった。

暗い老人部屋、暗い村民の心

初往診は4月に入ってからだった。鳥海山はまだ全山雪景色だったが、田んぼのあぜ道にはフキノトウが頭を覗かせていた。頬に当たる風にも春の匂いがするようだ。

1軒目。「最近もの食わないし、元気がない」というばっちゃんの家だ。部屋に入るなり、さわやか気分はどこかに吹き飛んでしまう。ばっちゃんは電灯も暖房もない狭い部屋で、じめじめした布団の上に横たわっていた。別の部屋から20ワットの電球を持って来て、ほのかな光の中で顔を見た瞬間、『がん容貌だ』と宮原は思った。腹部を触診すると、胃のあたりにごろごろと卵大のものが触れて、肝臓も腫れている。かなり進んだ胃がんで、肝臓にも転移しているようだ。ビタミン剤を投与するしかなかった。

寝たきり住民は多い時には20数人、毎年12、3人はいる。寝たきりの原因は脳卒中4割、心臓病とリウマチ様関節炎がそれぞれ2割で、驚くことにこのうちの約半数は寝たきり後に治療を受けていない。東北の農村では脳卒中で倒れることを「アタル」と言うが、家族がアタッても運命だから仕方がないと、発作後の医療やリハビリをはなから諦める風潮があるようだ。

老人のほとんどは茶の間の奥の日当たりの悪い、典型的な農家の老人部屋に寝かされている。日中世話のできない家では、おむつを当てられ枕元にはおにぎり、汚物にまみれながら天井の一点を見つめている年寄りも居た。文句を言わない年寄り達、みんなそうしてきたからと放っておく家族達。それは実に悲しく寂しい、そして辛い光景だった。

宮原を暗い気持ちにさせるものが、もう一つあった。暗い雲に閉じ込められたような住民の心だ。減反、出稼ぎ、若者の流出。どれもが精神的な不安ばかりでなく、健康問題も伴っている。

上郷は出稼ぎの本場ではなかったが、それでも毎年250人くらいは11月から翌年3月までの5カ月間、東京や埼玉方面に出て行く。診療所は他の地区同様、出稼ぎ前後に検診を実施しているが、受診率はあまりよくない。結果は、1割強は高血圧や心臓病で就労不可、3割強は薬を飲みながらなら何とか就労可能、安心して出稼ぎに行けるのは約半数という状態で、2年間に出稼ぎ先で軽い脳卒中になった者が2人、心臓発作が1人、病状が悪化して帰省した者が5人いた。

東北弁を恥じて病院に行きたがらない出稼ぎ者のために、宮原は東京への往診を何度か行った。出稼ぎ者と留守家族の疾病については、精神的な面も含め、改めて医療面から考え直さなければならない問題だと、宮原は思った。

減反は兼業農家を増やし、主婦のパートタイマーを急増させた。上郷の20代から40代の婦人層のおおよそ9割が、家事や畑仕事をしながら弱電や繊維関係の中小企業で働いている。1日の労働時間は平均で12時間以上。農閑期には比較的暇な専業農家の婦人層に対して、彼女達には年中身体の休まる時がない。ほとんどが身体の不調を訴え、当然、その影響は家庭や子どもにも及んだ。ただ主婦が町に出て現金収入が増えたことで、食生活が豊かになり、それまで小学生の3人に1人に見られていた貧血が、急激に改善されたのも事実。自分の健康を犠牲にして、家族の健康を守ったということだろうか。

もちろん農村の健康破壊のひどさは話には聞いていたし、夏休み毎に行った数カ所の農村実習でも体験していた。しかし和泉が言った通り、外から眺めるのと内から見るのでは大違い。特に自分の診療所で目の当たりにすると、これは大変な所に来てしまったという思いが、頭をもたげた。

病気の根源にはゆがめられた生活があり、その生活のゆがみを直さないことには予防や治療は役立たない。和泉が言った「病気を診ないで病人を診ろ」ということが、身をもって理解できた。

村の伝統芸能は一つ、また一つと消えていた。楽しみにしていた祭りの笛や太鼓の音は聞こえてこない。村を歩きながら宮原は、家の中も外も、みんなバラバラな感じがした。

こんな状態では、病気を治したり、ましてや健康づくりなんてとても無理なのではないだろうか。宮原は、過酷な現実を前にして及び腰になる自分を感じた。しかしまた、「山間僻地の往診は、死亡診断書を書きに行くこと」とも聞いていたから、そこよりはまだましだ。上郷地区の健康状態が特に悪いのではなく、これが日本の農村の平均的な医療実態なのだ。そう自らを励ました。

『自分は元気な村にするためにやって来たんだ。それを忘れて、こんなことでめげている時間はない。持っている知識をみんなに伝えて、病気の少ない、みんなが一緒に楽しめる明るい村にしなくては。やれることはたくさんある』。

元来が楽観的で、行動派を自認する宮原だ。その胸には、新たな責任とファイトがみなぎってきた。

巡回健康教室からのスタート

やらなくてはならないのは、患者に正しい診断の下できちんと受診をさせることである。そのためには、住民自身が病気や医療に対して正しい認識を持ち、理解することが第一だ。その上で設備とスタッフが充実した診療所で、カンに頼る医療ではなく、現代の医療技術を十分に活用した診療をすること。宮原はまず最初に、月に1度、各部落を回る「巡回健康教室」を始めることにした。

部落総代の集まる部落総代会でその話を切り出すと、驚いた部落総代達は「ありがたいことだども、今までないことだがら」と少々迷惑そうな顔をした。部落会館のある所はいいが、ない所は民家を借用しなくてはならないし、医者の接待はどうするか、人が集まらなかったら失礼ではないか、と心配が先に頭をよぎったのだ。それでも宮原は、

「やります。人が集まらなくても結構です。茶菓子の接待はいりませんから、場所は総代の家を貸してください。ただ健康教室の前日に、部落の住民全員にビラを配ってくれますか。もちろんビラは診療所で作ります」

と強引に押し切った。

巡回健康教室では、挨拶でみんなの気持ちを和ませた後、血圧測定をする。毎回数十人は集まるので、看護婦と手分けをして行う。終わったら健康講話で、病気の説明や予防法、簡単な応急処置の方法、それに栄養や入浴などについて話す。内容は同じでも参加者の顔ぶれに合わせて話し方を変えていく。そして座談会。持参の菓子を並べると、あっちこっちから質問が飛んで来た。

「血圧ど漬け物のつながりはや?」

「血圧の高い人が湯さ入ると、どう悪いが?」

「中気は遺伝するが?」

宮原は、一つ一つに身近な例を引きながら答えていく。みんな、うんうんとうなずくものの、幾度となく繰り返される質問も多い。酒と血圧の関係など、何度話したことか、数えていられないほどだ。時々、どの程度理解してくれているのだろうと不安に感じることもあったが、しかし続けることで、健康への関心を持ってもらうことが大切だ。最初の頃は方言がほとんど分からず、通訳が必要なこともあったが、住民も精一杯標準語で話そうとしてくれるので、1カ月で12部落を回るうちには、何とか聞き取れるようになった。それにつれて家の問題や嫁の愚痴などもどんどん出てくるようになり、2巡目、3巡目になると、まるで人生相談の様相を呈するようになってきた。

地域の医者は「万屋《よろず》」だ。例えば内科医であっても、専門以外の外科、産科、眼科や皮膚科も一通りは診られる技術者であるとともに、生活全般の相談相手でもなければならない。またそうなることで地域医としての自分自身を見つめることができ、責任の重大さとともに、大きな喜びも感じるのである。

宮原もそうだった。農村での生活にも少しずつ慣れ、自分の手に余る症例には本院の助けを借りながら、農村医としての充実感を増していった。

それにしても高血圧や脳卒中の患者が異常に多いのはどうしたことだろう。健康教室のデータで作成した個人別健康カルテを見ると、高血圧者は成人男性の1／3、女性は1／5にも達していた。急を要する事態だ。手をこまねいているわけにはいかない。早く何か手を打たないと。宮原は気が急いた。

住民、農協、診療所の3者協力体制

上郷村は、1955（昭和30）年の町村合併により旧象潟町、上浜村と合併して象潟町上郷地区となった。その後、人口減、祭りの衰退、出稼ぎ、中学校の合併、無医地区と、暗い面ばかりが目立つ地域になってしまったが、農協だけは「地域の不利益になることはできない」と頑として合併を行わず、上郷地区のまとめ役として頑張ってきた。中でも中心的な役割を果たしてきたのが農協参事の斎藤要治で、宮原とはすぐに意気投合し、酒を飲みながら理想を語り合う仲になっていた。

6月。村の様子もあらかた分かり、田植えも一段落した頃、宮原はその斎藤に相談を持ちかけた。宮原はまず、上郷地区健康推進会議を開くことを提案した。診察や巡回健康教室を通して、村人達の健康づくりが、医者1人では到底やっていけないものだということを痛感したためである。

例えば、貧血は鉄分を補充すれば良くなる。しかし食生活が変わらないとまた同じ症状に陥る。検診で早期発見しようが、治療で一時的に回復しようが、本人が自覚して暮らしを変えない限り、根本的な解決にはならないのだ。そして食生活を改善するには経済的な問題も関わってくる。

実際、宮原が着任後に行った住民検診によると、貧血者が最も多かったのは40代の婦人で13・3%、軽度貧血の22・9%を合わせると3人に1人の割合だった。高血圧者と共に、村を挙げての撲滅運動に取り組むしかない。

12部落の総代に2人が加わっての5回ほどの集まりで、上郷が抱えている課題を改めてピックアップする。そしてこれまで行ってきた健康管理のやり方を反省し、この1年を問題点改善の活動に充て、その経過を見ながら新しい方針を立てることとした。

そして8月。住民側は検診や集会時の人集めを積極的に行い、農協は『農協だより』や広報車を出して宣伝・啓発活動に努め、診療所は医療面で応援するという3者の協力体制が誕生。幅広い活動がスタートすることになる。

先の貧血については、住民検診ではもちろん、当時、全国的に受診が義務付けられていた結核検診時にも、保健所の了解をとって採血し、特に貧血が増える夏には独自の貧血検診を企画したり、各部落を巡回しての検査も実施。1度でも貧血の結果が出た者は台帳に記入して、学習会への参加を促した。貧血教室は6年間に24回、のべ487人を集め、貧血についてのさまざまな知識を、講話やスライド、映画などを通じて伝え、予防のための食事指導や料理講習会も行った。その結果、5年後には貧血1・7%、軽度貧血11・8%にまで減少することができた。

その他の主な活動としては、巡回健康教室の継続。部落の希望で月に2回以上開いた所も多く、開始から8カ月で144回、のべ3千人が参加する。血圧測定では高血圧者の名簿を作成し、脳卒中の要注意者には、町の保健婦の協力で定期的な血圧測定と服薬を指導。血圧教室では、手を冷水に浸けたり、運動したり、酒を飲んだりした後

血圧計購入に備えて、励む研修

に血圧を測り、状況に応じて血圧が変化することを実感してもらい、また購入した血圧計で自宅で血圧測定する運動も始めた。さらに食品の塩分量を塩分計で測定して減塩の必要性を訴えたり、また脳梗塞の大きな原因になる脱水対策として「寝る前にコップ1杯の水を飲もう」といった運動も促進した。それまでにはなかったこのような実際的で分かりやすい学習によって、脳卒中も5年で半減。効果は確実に表れた。

さらに宮原が力を入れたのが、問題意識の掘り起こしだ。自分達の普段の生活に、実は大きな問題が潜んでいるということを認識させるのである。まず、農協婦人部の協力で「農夫症」についての各戸の聞き取りを行った。

腰痛、肩こり、不眠など、全部で8項目について、毎日あったら2点、たまにあったら1点、まったくなかったら0点で、7点以上になると農夫症だ。す

表2-1　農夫症調査票

項　目	得　点
肩こり	0　1　2
腰　痛	0　1　2
手足のしびれ	0　1　2
夜間多尿	0　1　2
息切れ	0　1　2
不　眠	0　1　2
めまい（立ちくらみ）	0　1　2
腹張り	0　1　2
合　計	

＊8症候の各々について
この1カ月間において
いつもある………2点
時々ある　………1点
な　し　　………0点

＊合計が
4～6点　農夫症（±）
7点以上　農夫症（＋）

ると、何と80％に農夫症が見られたのである。もちろん住民達は大いに驚いた。そして集計や整理も婦人部で行い、10月には代表が住民に結果を発表し、それに基づいてみんなで意見を出し合うことにした。これが後の農民健康会議につながるものである。

ちなみに農夫症というのは、戦時中に報告された肩こり、手足のしびれ、腰痛などの自覚症状が主体の症状群で、いわば過労ないしは早老の現れであり、「農民病の元」みたいなもの。農夫症を取り上げることは農民自身に自分達の症状を自覚させ、健康への注意を呼び起こすのに大いに役立つと言われている。

これらはすべて、「医者の指示通りに薬を飲んでいるだけでは、病気は治っても健康な身体にはならない。自分の健康は自分で守る気持ちを住民自身に起こさせなければ、健康づくりにはつながらない」という宮原の思いが形になったものであった。

住民の中に「健康はすべてに優先するもの」「健康は自分で守るもの」という意識が、ほんの少しずつではあるが芽生えてきた。

住民の意識変革

宮原の1日はめまぐるしいものになった。

午前中は外来診療、午後から夜にかけては往診・検診・健康教室などの健康管理活動で、間に健康推進会議やその他の集まりが入る。さらに夜の集会の後は、農村の常で必ず酒宴になる。けれどもそれは住民と親しくなったり村の本音を聞いたり、また仲間づくりのいい機会だ。秋田は日本一の酒消費県。当然、宮原の酒量は急増することになる。夜間の救急患者や往診も、1カ月に40件ほどある。そのうち4、5件は深夜の往診だった。もちろん走るのは医師だけではない。看護婦も一緒だ。

28歳、農村医療の理想を掲げ、それに向かって邁進する毎日は、やりたいこと、話したいことが次々浮かび、体の疲れなど微塵も感じないのだろう。エネルギーに満ち溢れ、きらきら輝く宮原の姿が目に浮かぶ。

毎日が張りのあるそんな生活の中で、1つだけ、宮原にはどうにも納得できないことがあった。それはどこの農村でもそうなのかもしれないが、住民の権利意識の低さだ。人にはみんな健康になる権利がある。しかし、彼らにはそれが希薄なように思えてならなかったのである。

例えば行商から腐った魚を買わされて食中毒を起こし、発熱、腹痛、下痢で散々苦しめられても、「食あたりではしようがない、悪意があったわけじゃないから」と諦める。電気や水道の長期工事が食事時に重なり仕度ができなくて困っても、「水道屋も頑張ってるんだからしょうがねだろ」と我慢する。

巡回訪問の途上で（右端／宮原医師）

いくら学習会を繰り返して、病気や予防の知識を増やしても、毎日の生活がこんな風にいつまでもただ現状を受け入れていくばかりでは、結局は何も変わらない。ましてや積極的な健康づくりなどできるはずがない。

『住民達の権利意識を、何とか向上させなくては』。

宮原は仕事が終わってホッとした時など、『そのためにはいったいどうしたらいいか』と一人考えた。そして机に紙を広げては、これから進めるべき運動や具体的な進め方などについてあれこれプランを練った。

住民の権利意識は社会学者の領域に属するもので、医者のものではない。しかし、そこに首を突っ込んでいこうとする宮原。このあたりが単なる村医者とは異なるところだ。彼はすでに医療という領域からは大きく抜け出したところで、健康づくりをとらえているのである。一言で言えばこれはもう「社会教育」だ。しかし宮原は、治療や検診だけでは住民は健康にはならない。村自体が明るく活気のある社会にならなければ、持続的、本質的な健康には結びつかないと考える。そのためには権利意識を向上させる社会教育が必要なのである。

若月俊一と八千穂村の全村健康管理

宮原が上郷診療所で医療を始めたちょうどその頃、ある1冊の本が出版された。若月俊一の『村で病気とたたかう』(岩波新書 1971)だ。これはその後長く、地域医療を志す医師にとってバイブル的存在になっている。

若月俊一は、農村医療の父とも呼ばれる人物である。幼い頃から成績優秀で、府立一中、松本高理乙、東京帝国大学医学部へと進んだが、文学や哲学、さらにマルクス主義に傾倒して一時は職業革命家を目指したこともある。しかし、共産党からの入党勧誘直前に転向し、東京帝国大学分院外科、大槻菊男教授の元へ入局。戦中は衛生部の一兵卒として満洲(チチハル)へ出征した。帰国後は、工場での労働災害について研究活動を行うが、それが治安維持法に抵触したとして検挙され、目白の拘置所に1年間拘留されてしまう。その後、恩師である大槻教授のすすめで1945年3月、千曲川のほとりにある長野県南佐久郡臼田町(現・佐久市)の佐久病院に赴任。これが、〝農村医療の父〟への転機となる。

当時の佐久病院は、病院とは名ばかりの、実際には入院患者も受け入れたことのない診療所みたいなもので、医師も老院長に若い女医、それに若月を入れての計3人。手術ができるのは若月1人だけだったので一般外科はもちろん、整形外科や耳鼻科、口腔外科や泌尿器科でも、専門が違うからと断りきれず、若月は手術本で勉強しながら、次から次にやって来る患者の手術を行った。その後、脊椎カリエスに独自の手術法を用いたり、「こう手（田植えや稲刈り時に手首が腫れて痛む病気）」の調査や「冷え」の研究を始めることになったのも、それらが専門科だったからではなく、すべて患者のニーズがあったからだと述懐する。

さて、２度の転向にもかかわらず、若月の中のマルクス主義的精神は生き続け、戦後、増員された職員達と労働組合を結成して委員長となり、46年10月には「全従業員の投票」で院長に就任。「農民とともに」の精神で地域住民の中に積極的に入り込む。そして病院を舞台にして自ら脚本を書いた演劇をセットにした無医村への巡回診療、あるいは分かりやすい展示物を地域住民に毎年見てもらう「病院祭」などで、「予防は治療に勝る」と、衛生活動の啓発に努め、さらに住民と一体となっての医療実践に取り組んだ。

その若月が行った先駆的な取り組みとして、１９５９年から八千穂村と行った「全村健康管理」がある。契機になったのは国保の窓口支払いで、従来は保険証さえ持参すればいつでも診療してもらえ、診療費は後でまとめて徴収されていたのが、今度は受診の度に自己負担分の半額を窓口で支払わなければならなくなった。これでは、現金収入のない貧しい農民は診察を受けることができず、ますます「潜在疾病」を増やすことになる。そこで、強力に反対運動を行っていた八千穂村の村長、井出幸吉に「だったら病人をつくらない、健康を守る運動をやろう」と提案し、部落の全住民を対象に検診活動を始めたのである。

組織の主体は佐久病院と八千穂村の保健委員会で、病院の技術者と村の開業医、国保の保健婦が、部落選出の衛生指導員30名の協力を得て、毎年１回、農閑期の３カ月間に15歳以上の約３千人に対して、問診、診察、検診、さらに健康相談や生活指導などを行う。そしてその結果を病院が保管する健康台帳と各人が持つ健康手帳に全て記入し、そこから健康と生活環境を分析。両者間に見い出された相関関係を、家庭訪問や部落指導などに利用するというものである。健康管理の活動としては、この検診・報告会以外にも農民体操や、月1回の衛生指導員の教育も重要な任務だった。

10年にわたって行われた八千穂村の全村健康管理活動だが、その成果はと言うと、確かに村の死亡率、特に乳児や結核の死亡率は明らかに低くなった。また何より素晴らしい功績は、村の総医療費が確実に減少したことである。しかし、若月が最も重要視していた、村民の健康に対する意欲や意識については、残念ながらまったく期待を裏切るものであった。例えば医療費の低下も、村民の健康意識の向上によって一般の病気が減ったためではなく、検診による早期発見で単に重症の患者、つまり「手遅れ」が減ったことによるものだった。

問題は検診の費用にあると、若月は推測した。検診に関する病院側の請け負い費用は、1人当たり250円。あまりにも安いということで、68年には350円になったが、これは村の負担が増額するだけのことで村民の負担はずっと100円のまま。つまり1年間にわずか100円出せば、健康管理はすべて病院がやってくれるという状況だった。そしてそのつけは佐久病院の毎年7、8千万円に上る赤字に回ってきていた。村民の意識が低いのは、このような恩恵に寄り掛かり安心してしまっているためではないか。それは、本当の意味の社会的健康意識を村民に確立するという点では、単に不成功というより、むしろマイナスでさえあると若月は思い知った。結局、健康を守るためには、住民自身が社会的な視野を持ち、政治的な自覚と行動が何より必要なのである。

住民主体を根幹に

以前、取材で宮原の仕事場を訪れた時に書棚に『若槻俊一著作集』が並んでいるのが目に留まった。若月の八千穂村での活動は、宮原にどう映っているのだろうか。

宮原は、若月の功績は大いに認めながらも、検診主体の八千穂方式についてはあっさりと否定する。若月は八千穂村の健康管理運動を、地域の農民や一般住民と手を取り合って、生活の向上のために共同の闘いを組み、交流と共感を重ねるという労働運動の一環として始めた。それはあくまでも上からの啓発であり指導であって、衛生委員として村民が参加していたとはいえ、主体的な関わり方ではなかった。そこには、農民が主体になってやるという肝心の視点が入っていなかったのである。

「巡回検診で脳卒中は減りましたよね。でもがんは減らなかった。全村健康管理は健康づくりとは言えないものだと思います。もちろん先駆的な試みではありました。でも検診による早期発見は、充実した生活を送るためのものではあっても、病気をなくすことが主眼ではない。健康意識を高めるための楽しい村づくりをすることが、すなわち健康な村や健康な村民をつくっていくんです」。

この考えは、上郷でこれから始めようとしている活動の根幹に、宮原が「住民主体・住民参加」を置いたところに現れている。つまり、「住民自身の中に、健康を獲得するための自主的な運動を起こさせる」ことだ。

ただ、宮原が村民の権利意識を高めるために到達したこの思いには、若月の八千穂村からの教示はともかくとして、彼自身が農村医療を目指した時に、いや、高校を卒業して医者になろうと決めた時から、漠然とではあるが、すでに宮原の中に芽生えていたのかもしれない。

宮原の父、宮原誠一は、先にも述べたが東京大学教育学部長なども務めた社会教育学者である。現場主義をモットーに、「地域から学べ」と学生達を農村に同伴させては、農民達と共に問題点を探りながら解決策を見つけることを目指した。農民が自ら行動していけるように学習会も開き、地域の生活を自分達で変えるための政治的人材も出そうと、新聞などを使った勉強会や討論会で意識を高めるなど、農村や労働者の教育問題に生涯取り組んだ人だった。

宮原は中学、高校時代、長野や東北の農村で父が行っていた社会調査に何度か同行することがあった。父には、大学教授の家庭しか知らない、いわば社会の上層に身を置く息子に、現実の姿を見せようという配慮があったのだろう。昭和30年代の農村で少年が見たのは、想像以上の貧しさであり、農民達の不衛生で不健康な生活ぶりという、悲惨の一語に尽きる光景だった。そしてそれを改善していくためには、彼ら自身の意識を変える社会教育が必要だと考え、活動していた父達の姿である。

特に高校2年の夏休み、長野の伊那地方の村で彼の脳裏にしっかりと焼き付けられたシーンがある。

彼が民宿していた農家には病気の老人が居た。しかし、どういうわけか医者の往診はない。ある日突然、医者が来たので『これでおじいちゃんもよくなるかな』と喜んでいたら、実は死亡診断書を書きに来たのだという。逆光の中、暗い農家の土間に立った真っ白に輝く白衣の白さ。宮原は今でもしっかりと思い浮かべることができる。

『都会だったら助かるのに農村だったら死んでしまう。金持ちと貧乏人が居るのはしようがないけど、人の命まで差別されていいものだろうか』。

そんなもどかしさが、医者になる大きなきっかけの一つになったと述懐する。そして同時に、村を改善するには、外からの力ではなく、村の人々が実際に自分達で考え自ら行動を起こさない限りは成り立たない。父のやり方では、こんな悲しい村の実態は変えられないのではないだろうか。むしろ医者になった方が変革を行える。10代の感性は、何となくそうキャッチしたのである。

父は自分の仕事については話さない人だった。しかし後に宮原が農村医療に進むことを伝えると、こう言った。

「農村を救うのは私達社会学者では難しい。あのひどい状況を救うのは、医者でなければできない。お前はよくそこに気がついたな」。

これは宮原にとって、以後、何よりの励ましの言葉になった。

鳥海山を見上げながら、『そろそろ次の一歩を踏み出す時だ』と宮原は思った。

会費制健康管理システムが生んだ新たな住民運動

数日後、宮原は湯沢市で行われる秋田県農民健康会議に参加するという斎藤の運転手を買って出た。往復７時間の車中でじっくり彼と話し込み、住民参加の場づくりについて具体策を練ろうという腹積もりだった。

「上郷農協は健康管理には熱心だし、検診も秋田県で1、2番の早さで昭和40年頃から始めてますけど、どうしてその成果が上がってこないんでしょうかね」。

「検診後の事後指導が不十分なことと、保健意識の低さというか、無知ですかね」。

「じゃ、住民は受診するだけで検診の計画立案にはまったく参加してないし、結果の報告会や具体的な事後指導工作もなされてなかったってことですね。僕は、住民と話し合えば、こんな検査がほしいとか事後指導の具体策なども、いい方法が見つかると思いますけどね」。

「なるほど、住民にもある程度の自主性を持たせて、さらに実施の責任も分担させようということですね」。

農協で地域の活性化に努めて来た斎藤に、その意はすぐに伝わった。そして互いの考えを口にするうちに、徐々にアイデアが固まっていった。そして、2人が辿りついたのが、住民の健康管理に、住民自身が会費を出して参加する。つまり住民が出したお金で検診や事後指導、学習活動などを行い、その計画や運営に住民自身が関わるという、おそらくこれまでにはまったく見られないタイプのものであった。

実際、当時の検診は、全国で無料化が進んでいた。そんな中で、まさに時代の流れに逆行するこのアイデア。しかし有料と無料では参加意識は大きく異なる。住民主体にするのであれば、参加意識こそがポイントなのだ。2人は『これは新しい住民運動になるに違いない』と確信した。

とは言うものの、果たして住民達に受け入れてもらえるものかどうか。何としても実現させようと言い合いながらも、保守的な村の実状を思うと、斎藤も宮原も、正直なところ自信が持てなかった。

翌年2月、8カ月前に開いた上郷地区健康推進会議のメンバーが、再び集まった。宮原の働きぶりと巡回健康教室に対する部落住民達の反応から、その成果を認めてくれたのだろう。部落総代達からは、「せっかく住民の中に健康への関心が生まれてきたんだから、さらに高めていくべきだ」という積極的な意見が相次いだ。

そして、そのためには健康管理を専門に行う新たな組織が必要ということで意見が一致。さらに斎藤と宮原の腹案である「会費制」にするということも、組織を運営する資金をどうするかという話し合いの中で、ほとんど何の反論もなくすんなりと受け入れられたのである。

会議では反論しないで、とりあえず原案に賛成するという農民の慣習からか、あるいは新しい医者に反対して逃げられたら困ると思ったのか、あるいは本当に理解してくれたのか、真意のほどは定かではないが、結果として任意の会費制に出席者の全員が賛成した。

案ずるより産むが易し。2人は互いの顔を見合ったのだった。

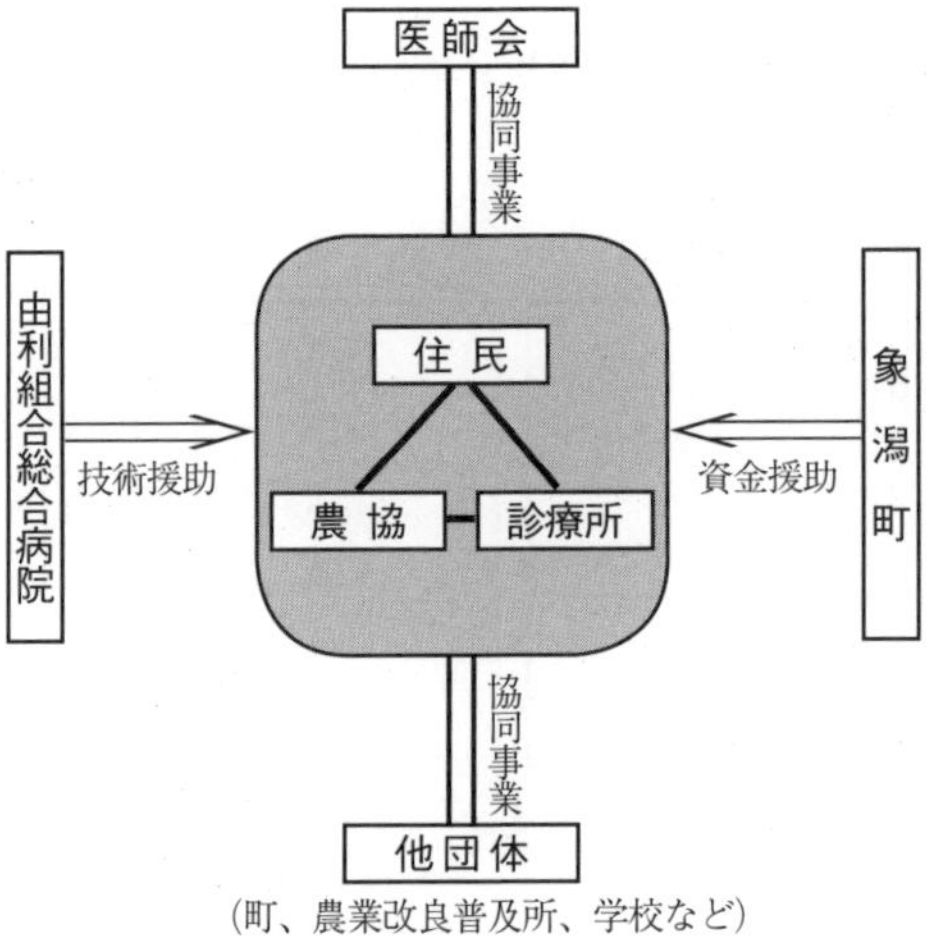

図2-1　上郷健康センター設立団体

4月1日、着任からちょうど1年。診療所の裏側に健康管理台帳の整理棚を備えた事務所、図書室、ホールや検査

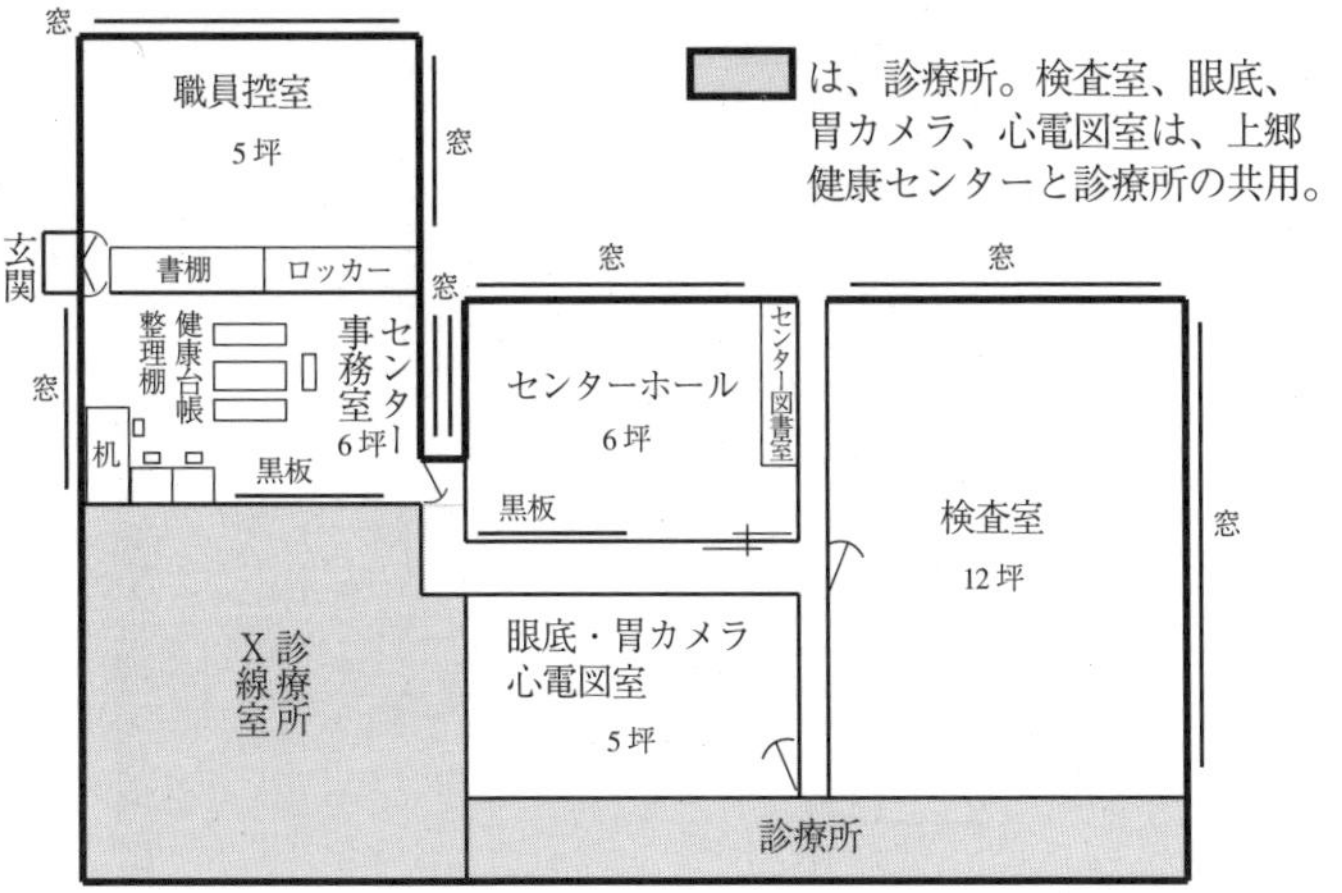

図2-2　上郷健康センター平面図

室からなる120平方メートルの木造平屋が建った。宮原が構想を温めていた「上郷健康センター」の発足である。

健康センターは、住民、診療所、農協の三者が資金を出し合い、象潟町と由利組合病院が援助する、任意加入の会費制の健康管理システムである。当初の年会費は、18歳から64歳までが1、000円、その他は200円であった（その後、1世帯当たり2、500円、3、000円と変更）。

初年度、どれくらいの人がお金を出してまで入ってくれるだろう。そんな宮原の不安をよそに、何と2、219人、住民の85%が加入した。「いったい何をやらかすだが」といぶかしむ住民もいる中、強い指導力を持つ部落総代の呼びかけが効を奏したのだろう。さらに「医者にさからって逃げられたら大変だ」という住民達の思惑も働いたようだ。

ちなみに発足後10年目の1982年の健康センターは、会費が1世帯当たり3、000円で加入率が94%。活動経費は約1千万円で、収入は住民が32・7%、農協・診療所・町がそれぞれ18～20%を負担する。支出は、事業費が73・7%で、このうち検診費と広報活動費で80％以上を占めている。不足分は、住民の意識向上も企図して、ほとんどの検査や行事を有料で行うことで補っている。例えば、貧血教室や糖尿病学級は１回２００円、保健学級は入会金１、０００円で、１００％近い参加率の年１回の健康診断は、学生２００円で一般が１、２００円、精密検診は３、６００円で人間ドックの〝みのり検診〟は１０、０００円などである。

運動の中核、健康センター

上郷健康センターの最大の特徴は、リンカーンのゲティスバーグでの演説ではないが、「住民の、住民による、住民のための活動」である。だから最高議決機関である運営委員会は、12人の部落総代を含めて19人中14人が住民から成り、宮原が所長、農協参事の斎藤が事務局長で、実戦部隊として５つの部会、保健部、体育部、文化部、広報部、社会医学研究部が組織されている。部会のメンバーはそれぞれ10～20人で、もちろんすべてボランティア参加の住民である。

ＷＨＯ（世界保健機関）の保健憲章には、「健康とは単に病気や虚弱でないというだけでなく、身体的にも、精神的にも、また社会的にも申し分のない状態」とある。しかし宮原の考える健康的な姿というのは、これとは少し異なる。宮原が著わした『これからの地域医療』（医学書院　１９８６　11ページ）には、こうある。

たとえ一つ二つ病気があっても、明日への希望と活力に満ちた状態であれば、それは健康と定義したい。心身障害児も不治の病の人も、一人の人間として、一つの目的に向けて努力する状態、そして今日よりも明日、明日よりも明後日、より充実した人生を送ろうという姿がまさに健康な姿であろう。

そのような気力の持てるような人間になること、そしてそのような人間を生み出せる家庭や地域社会、人間関係を作り出すことが、健康づくりの基本的な運動であると思う。

ＷＨＯの静的な健康観に対して、宮原のそれは、「人間は病気しながら丈夫になっていくものだ」と、より動的である。「より充実した人生を送ろうという姿がまさに健康な姿」というのは、前向きな人間の美しさを讃えるようで、宮原の人間愛を彷彿とさせている。このように健康をとらえる医者は、宮原１人ではないだろう。しかしこの先に、健康問題を社会教育の一分野として考え、その上で健康づくりへの活動を展開すべきであるとする医者はおそらくいないのではないか。これは宮原流の独自の世界観のような気がする。

実は『これからの地域医療』に序文を寄せているのは、佐久病院院長、若月俊一その人である。若月もまた、健康をＷＨＯのように解釈しない宮原のダイナミックで包括的、純粋な精神に心を打たれる、と書いている。そして、宮原を「運動家」ととらえているのである。

上郷健康センターは、まさに宮原のこのような考えに基づいて創られた。そしてここから保健・医療・福祉に関して、住民の、住民による、住民のための幅広い活動が展開されることになる。

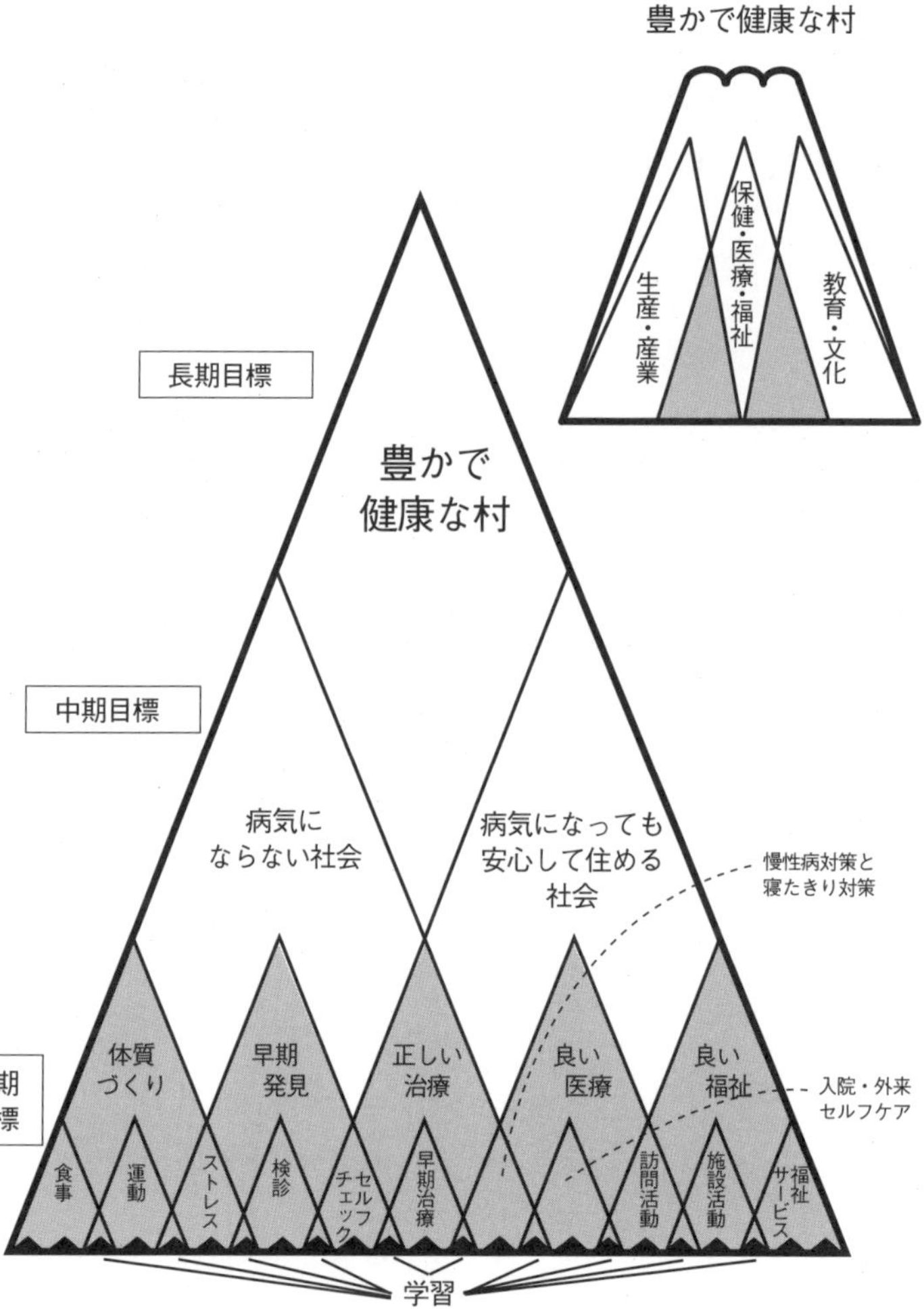

図2-3　健康づくり運動イメージ図（作成／宮原医師）

保健センターの活動の柱は3つ、

「予防医学の徹底」

「健康増進医学・環境医学の実践」

「精神的・文化的健康活動の推進」

である。もちろん〝運動家〟としての宮原は、かつてないユニークな発想で、しかも真正面から健康づくり運動の原則を取り上げ、ひるむことなく実践していった。そして、さらにその理論について、誰もが実践できるような指南書としてもまとめているのである。このあたりが運動家の面目躍如というところだろう。

宮原の理論と運動の進め方の中には、万人の望む「健康」という切り口で、地域の市民運動を喚起する方法が見て取れる。これから地域医療を目指す若い医療者達には、農村における生きたプライマリーケアの教科書として、大いに役立つものと思われる。さらにまた、このまま手をこまねいていれば、超高齢社会で「在宅放置」されざるを得なくなる私達自身が、これから為すべき「住民の、住民による、住民のための活動」にとっても、示唆に富むものだと思う。

予防医学の徹底

予防医学を徹底するには、検診と検診後の事後指導、自己健康チェック、それに予防医学に関する啓発活動が重要になる。

検診は、体質づくりがどの程度うまくいっているか、病気の芽がどれほど体を侵しているか、あるいは病気が発病しているかどうかを診るものである。だから特に集団検診で対象になるのは、一見、健康そうに見える人、自分の身体に自信を持っている人ということになる。しかしその受診率はと言うと、例えば２００５年全国平均の胃がん検診率は12・４%という低さである。その理由を宮原は、検診ががんの予防活動の始まり、つまり胃検診を受けた人の中から要精査の人に精密検査をし、必要に応じて治療や食事指導などの事後指導を行うようになっているからであり、この流れを変えない限り受診率の引き上げは容易ではないと言う。

健康センターの検診では、当初よりすべての人に対し、最初の1次検診から内容豊かで精度の高い検査をしてきた。それは、1次検診を打聴診、血圧、尿だけで済ませると、たった3つの検査で〝異常なし〟にすぎないものに対して、あたかもすべてに異常がないと思い込んでしまう人が多く、それはむしろ病気の早期発見に逆行しかねない、という考えからである。

さらに検診の前には、各部落ごとに、がんや脳卒中のドラマを見せたり、スライドやプリントで検診の重要性を理解してもらうなど、事前学習を繰り返し行った。そうすることで、検診受診に対する住民の意識を高めるのである。とにかく毎年毎年繰り返すことで、少しでも多くの住民を検診、受診へと誘うことが重要なのだ。

どのような種類の検診をすべきかということも難しい問題だが、重点はやはり成人病の検査だ。地域全体に対して行う住民検診の他、老人検診、寝たきり検診、出稼ぎ検診、胃検診、婦人科検診、乳児検診、幼児検診、さらに60項目以上の検査が１０、０００円でできる人間ドック〝みのり健診〟や、全国的にも珍しい保育園児対象の血液

表2-2　みのり検診の検査項目

問　診	55項目	家族歴、既往歴、一般症状など
現　症	身体計測	身長、体重、肥満度
循環器 呼吸器	血　圧	最高―最低
	心電図	安静時12誘導心電図、 運動負荷心電図
	胸部X線	曲線撮影
	肺機能	肺活量、1秒率
内分泌	糖尿病	血糖（空腹時値、1時間値）、尿糖
一般血液	貧血など	赤血球数、血色素数、ヘマトクリット 白血球数、血小板、血沈（1時間値）、血液型
一般尿		タンパク、糖、ウロブリノーゲン、 潜血、沈渣
腎機能		PSP 排泄試験（15分値）、濃縮 試験、尿素窒素
眼　科		眼底撮影検査、細隙灯検査、 視力（近点・遠点）
血液化学	脂　質	コレステロール、中性脂肪
	梅　毒	ワッセルマン反応
	リウマチ	RA、ASLO、CRP
消化器	消化器X線	食道、胃、十二指腸部直接撮影
	肝機能など	血清総タンパク、AG 比、総タンパク分画 アルカリフォスファターゼ、GOT、GPT
	検　便	虫卵、潜血反応

※1976（昭和51）年スタート時の検査項目。総件数、8,000件。

検査など、きめ細かい検査体制を敷いた。ちなみに上郷診療所のスタッフ全員を総動員して1976年4月にスタートしたみのり検診は、毎月最終日曜日に6人の定員で実施してきたが、1977年12月までに124人が受診。その後も順調に受診者が増した。また老人検診では8つの老人クラブが老人検診実行委員会を作り、自分達で日程や内容、会場、費用などを検討して実行。当然、受診率は高くなった。

検診を健康づくりという大きな流れの中に位置づけるためには、地域の生活に密着した地元の医師による検診が最良だ。これにより健康増進、検診、治療、リハビリが一貫して行われるようになる。

この他、検診場所や検診内容、その料金についてなど、宮原は、できるだけ多くの住民が参加し十分に話し合った上で決定していくことが大切だと考えている。住民が検診への主体的参加を明確にすることが、検診を健康づくり運動の大きな柱にすることにつながるのである。

さて、検診はやっても、単に結果を本人に通知するだけで後はほったらかしでは何にもならない。検診後には事後指導をしっかり行い、必ず報告会を開くのがポイントだ。そのためにも検診のデータをきちんと整理しなくてはいけない。八千穂村の全村健康管理にもあったように、上郷でも個人別や世帯別に台帳を作成した。しかし、たかだか2、500人分とタカをくくって始めたものの、このデータ記入は宮原達の事務処理能力をはるかに超えていた。また苦労して整理したデータも、現実には思っていたようには他の医療機関に利用されず、最終的には疾患別だけのパンチカードと台帳を作成することになった。

報告会には、個別に結果通知書を渡して指導する個別指導と、事前に検診結果書を配布しておき、後日改めて報告する集団報告会がある。効果的なのはもちろん個別指導だが、集団報告会でも、医師だけでなく栄養士などが加わって、結果を生活や健康と結びつけて話すようにすると、住民の興味は増すようだ。

疾患別の学習教室や再検査への参加は、1度だけではなく数回呼びかけ、特に胃精密検診者の受診や、成人病検診による要治療者への事後指導には、参加するまで呼びかけるようにした。また受診漏れ対策としては、3年に1度は診療所職員を総動員して全戸を訪問して血圧を測ったり、国から受診が義務付けられている結核検診時に同時に貧血検査も行うなどして、何とか100%受診を達成できるように努めた。

ところで、検診を年に1回受けていれば、ほとんどの病気は早期発見されて手遅れにならないかと言うと、答は、

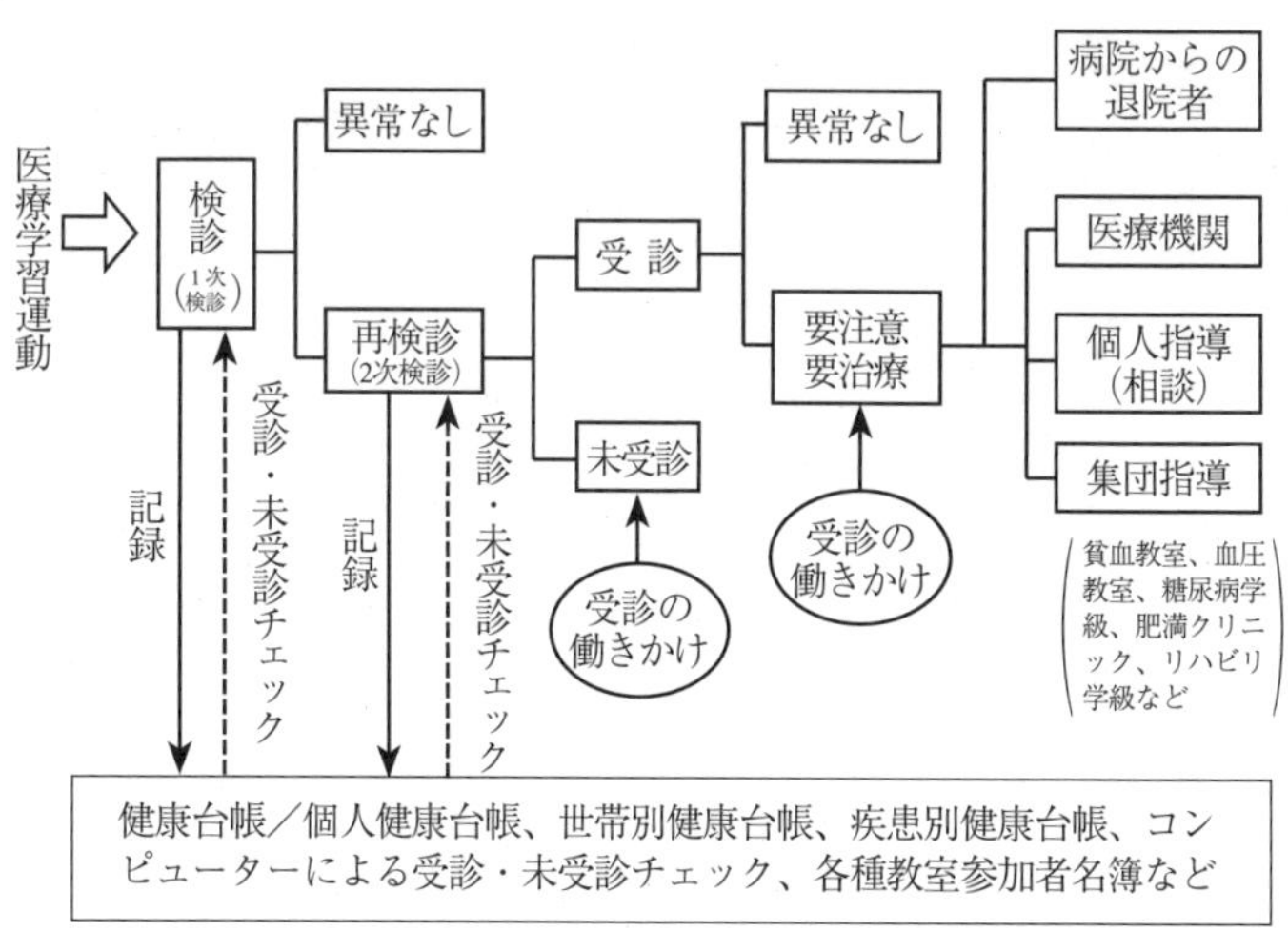

図2-4　事後指導の基本チャート

ノーだ。そこで宮原は、検診と検診の途中で健康チェックを勧める。

例えば農夫症や疲労の調査は、年に3、4回、農夫症なら8つの症状、疲労検査なら30の自覚症状を問い、点数によって「異常なし」「要注意」「医師に受診」と判定する。血圧や乳がん、便などはセルフチェックし、尿の検査はいろいろな集会の時に地域の健康相談員がテストテープを使って参加者全員の尿を調べ、わずかでも異常があれば、すぐに受診するように厳しく話す。また貧血は、前もってカラーの判定紙を配布しその色と結膜の色を比較して判定させた。

この他、一つの症状が重要な意味を持つものを学習させて、のどが渇く、顔や足がむくむ、尿の量が多くなる、息切れがするなど、できるだけ軽微のうちに健康チェックができるようにした。宮原はこれを、前述の実践的健康チェックに対して知的健康チェックと呼び、この2つのチェックがうまく結びついて初めて早期発見の武器になると言う。

検診や事後指導と並んでもう一つ大切なのが、住民自身の意識や知識を高める啓蒙活動だ。予防ということになると、むしろこちらの方が効果は大きいくらいである。

この活動には、部落を巡回する健康教室や専門家を招いての健康大学を初めとして、世代別の学習会や疾患別の学習会、それに健康白書の発行など、年間50以上の事業が含まれる。また、住民の集会に時間をとってもらって保健に関する話を入れたり、診療所の患者にもできるだけ分かりやすく病気の説明をするのも、同じく予防活動の一部である。さらに健康・福祉についての学習会も年間に80回以上、成人だけでなく老人向け、小中学生向け、園児向けと、それぞれ趣向を凝らしたものが開かれた。

この他、農民健康会議では、住民達が実態調査やアンケート調査をしてその分析結果を自分達で発表する。テーマは、「脳卒中ゼロを目指して」「虫歯のない村づくり」「薬の副作用と置き薬の上手な利用法」など、すべて身近なものばかり。当然、内容や結果は地区住民達に強く印象づけられ、その後の討論も熱を帯び、さらなる活動へとつながっていった。

例えば農夫症の調査では、8割以上の男女が症状を訴えていることから、健康会議ではその改善策として農民体操を発案。それは村の健康施策の一つとして、1日2回、広報車が農協の職員が作曲したオリジナル曲を流し、あぜ道には田畑仕事の手を休め農民体操をする姿が並ぶようになった。

数年もしないうち、ある程度意識が向上したということだろうか、ちょっと身体の調子が悪くなると、「レントゲンを撮ってほしいんだども」「血液検査をしてくれ」と気軽に言って来る住民が増えた。自分はもっと健康でいたい、そのためには自分には何ができるか。そう考え始めたのである。「健康で豊かな村づくり運動」の確かな一歩が踏み出された。上郷は変わり始めたのだ。

健康増進医学、環境医学の実践

健康増進活動は、「健康な人がより健康に」なるのが目標で、食事や労働の改善、スポーツの推進などを行う。

食生活の改善は、言うのは簡単だが実行するとなると、これがなかなか厄介だ。宮原はことあるごとに食事の重要性を話し、まずは「食卓にもう1品増やそう」と呼びかけた。これは効を奏して各家庭にはおかずが1品増えるようになる。ただ、1品増えても毎日同じものばかりを食べていたのではどうしようもない。そこでさらに食事の〝レパートリー拡大運動〟にも力を入れた。料理の種類を増やすための料理教室だ。

また無農薬運動とも関連づけた家庭菜園を推進する〝野菜自給運動〟や、地域で肉をまとめ買いして食卓に乗せようという〝肉食デー〟、減塩味噌を作っての〝減塩作戦〟なども行い、これも高血圧や貧血の防止に大きな成果を発揮することになった。

楽しかったのは「大豆料理コンクール」だ。おばあちゃん達に昔の大豆料理を作ってもらい、それをコンクールにして小中学生が審査し、人気のあったレシピを冊子にまとめるのである。全戸に配布されたこの冊子はすごい人気で、母親達に大いに活用されたらしい。

75年からは地区で栄養指導ができる指導者を養成するために、栄養学級も開催する。学級生は授業料を払い、年に5、6回の学習会に参加し、料理の作り方だけでなく、医師や栄養士から食物や栄養、栄養と病気の関係などについて基本知識を学び、地区に帰って今度はそれを住民達に伝えるのである。伝達学習の方は低調だったが、料理講習はどの地区でもいつも大盛況だった。

料理教室

料理教室には、この他にも子どもの料理教室、男の料理教室なども開かれた。今ではすっかり当たり前に見られるものだが、当時としてはなかなか斬新な行事で、評判も良かったようである。

労働改善については、一時は住民がこぞってやっていた農民体操も、田んぼが拡張されて大型機器が導入されるようになると、農繁期でも1カ所に人が集まって農作業をするということがなくなり、自然と消滅してしまった。しかし個人的な習慣としては残ったようで、疲れてから休むのではなく午前10時と午後3時は一服する時間になり、体操とまではいかなくても腰を伸ばしたり足を曲げたりの軽い運動はしっかり根付いた。

主婦が働きやすいように台所を改善したり、寒さ対策のために内便所にしたり、また部落ごとの焼却炉造りなど、幅広い意味での生活改善運動も展開された。ユニークだったのは〝布団干しデー〟で、当時の農村は万年床が多かったので、専用台を作って販売し、月に1度の布団干しを推奨した。

また1974年の鳥海山の噴火後には水質検査も実施している。これは、病気の要因を探るために東洋大学社会学部の広畑一雄教授に依頼して部落内で行った社会調査を基に為されている。この調査は、戸数500戸の長岡地区をモデルに71年から3年間にわたって行われたもので、地域の実態を把握し、健康を阻害するあらゆる因子を浮き彫りにするためのものであった。家の構造や照明、経済力など、広範囲にわたって行われた調査による社会生活と健康との関連は、上郷の健康づくり運動の指針に大いに役立った。

スポーツ活動もその一つで、日頃のスポーツ活動にも力を入れるようになり、年に2、3回は野球・ソフトボール・バレーボールなどの大会を開催。毎年6月のソフトボール大会には、この小さな地区から10チームも参加して熱戦が繰り広げられた。もちろんそのための運動場や体育館、プールなどの施設も整えられることになった。

文化的・精神的健康活動の推進

宮原流文化的・精神的健康活動は、一言で言えば「心の健康づくり」である。心の健康とはストレスがなく快い、「さぁ、今日も元気にやるぞ！」という気力の充実した状態で、たとえ身体面には問題がなくても、心の健康が保たれていなければ、本当に健康な状態とは言えない。

もちろん、心の健康づくりに定型的なものはない。それは生きがいづくりであり、そうなると最も考えなくてはならないのは、生産の問題だ。生産活動は人の生きがいと密接に関係するばかりでなく、地域づくりの根源でもある。「病気のほとんどが社会のひずみから起こるとすれば、その社会のひずみは、基本的には経済問題であり、そこにメスを入れなければ健康づくり運動そのものも存在しない」と宮原は確信している。

秋田の農村の生産活動は米一色である。だから米の収穫の見通しが立たないことには、心の健康も保持できない。もちろん医者は農業の門外漢だ。農業で生きる道を探らなくてはならない彼らの中に入っていくことは容易なことではない。しかし、経済的な豊かさは生活環境に多大な影響を与え、健康にとっても大きな条件の一つである。「心の健康という面からだけでなく、生活から病気を診るという点からも、医者は、地域の生産活動に無関心ではいられるはずがない」。素人ゆえの発想や医者としての視点で、そして同じ地域で生きる仲間として、宮原はこの問題にも積極的に一役を担ってきた。その一例が減塩味噌づくりだ。

当時東北地方の農村の食生活は、米ばかりを食べる「ばっかり食」と、塩辛い味噌汁を何杯もお替わりする「どっかり食」が中心だった。そこで宮原は、まず味噌汁を薄くすることを勧めたのだが、住民は思うようには実行してくれない。「それじゃ、塩分の少ない味噌を作ろう」と提案、そしてできた味噌を販売することにした。上郷特産、減塩味噌の誕生だ。ちなみにこの減塩味噌、住民達は「てぇしたものだ」と言いながら、結局、倍近い量を使っていたと宮原は笑う。とはいえ、その純粋さと責任感が、住民達に伝わらないはずはない。宮原が進める活動に、住民達が引き込まれていくのも、こんな心情があったからこそのことだろう。宮原が出す、時には突拍子もないさまざまなアイデアは、住民達を大いに刺激した。

健康センターを核に実践される実にさまざまな活動。それらは一見多種多彩な活動のようだが、すべて一つの方向、「より人間らしく生きることができるような村づくり」に向かっている。そしてほとんどすべての活動の起点には、宮原の「こんなのどう?」「これって面白いと思わない?」「他にも何かないかな?」という陰の声があった。

中でも文化的・精神的健康活動のメーンになったのが、広報部による『上郷健康センター新聞』の発行と、地域を挙げて3日間（年によっては5日間、9日間の時もあった）にわたって行われる上郷地区最大のイベント、夏の「健康祭」と冬の「文化祭」の開催だ。「面白いからやろうよ」と宮原に半ば強引に乗せられたもので、スタート時こそ宮原主導であったが、その後は住民がすべて取り仕切り、以来、健康センターの中核行事となった。

村のコミュニケーションツール、『上郷健康センター新聞』

健康センター発足後、ただちに活動を始めたのが広報部だ。1カ月後の4月15日、月刊『上郷健康センター新聞』の第1号が発行される。

上郷は昭和30年代の初めには人口も4千人近く、経済的にも比較的豊かで文化活動も公民館や農協を中心に活発に行われていた。ところが高度成長で人口が流出し、過疎化の波に洗われ始める。人々は活力を奪われたかのようにひっそりと暮らし、部落は自分達のことに手が一杯で、宮原の目には、互いによそよそしく他の部落のことにはことさら無関心を装っているかのように見えた。『かつて米作りが盛んだった頃には、そんなことはなかっただろうに。文化活動で村に元気を取り戻さなくては』。宮原のエンジンにスイッチが入る。

『上郷健康センター新聞』

村づくりには広い裾野と何より団結力が必要だ。新聞はそのための強力なツールになるものである。当然、制作にはかなりなエネルギーを要する。まずはスタッフ探しだ。宮原は農協の青年部や青年会の中で、これはと目を付けた者の肩を叩き口説いて歩いた。

最後は候補者5人と一晩痛飲し、文化の振興も大事だということ、健康センターは新しい村づくりが最終目的であること、しかもそれは住民が主体で行われなければならないことを話し、「新聞発行だけでなく、健康な暮らしづくりすべてで、みなさんのように青年会や青年部で活躍してた人達の協力を得たら、どんなに心強いでしょう」と呼びかけた。

編集長は「うまく乗せられてしまった」と言う斎藤喜也。宮原と酒を交わせば、「こんなどこに1年もいる奴はバガだ」というのが口癖だ。委員は宮原の妻、美樹を含めて5人で、宮原より10歳近く年長

編集会議の様子（上左2人目／宮原医師）

の土井一美が少しやったことがあるくらいで、後は誰も編集の経験などない。6人は侃々諤々話し合い、慣れない手つきでペンを握り、カメラを下げて飛び回っては、紙面の割り付けをした。

慣れるに従い熱も入り、編集会議は紛糾することも度々。若い頃から硬骨漢で青年会長の時代には村に出入りするヤクザと喧嘩したりしてきた土井が、意見の違いから「おまえみてな若僧にそったらこと言われることなばね！」と、宮原の襟首をつかんだこともあったという。

記事は、医療や保健関係は全体の2割以下にというのが原則で、後は上郷の出来事やその月生まれの赤ちゃんの顔写真入り紹介など、地域に根付いた話題で満たされている。中に社会性に富んだテーマについてのルポもあり、意気込んで始めたものの毎回かなり手こずったようだ。

3号目からは連載コラム『聴診器』も編集委員が

持ち回りで開始。初回には、こうある。

「上郷は象潟地区の中でもオトナシイ人が相場である。農業の危機にさらされている現在、農民はもとより農協役員も、しいたげられる農民の怒りを外に向かってぶちまけてもらいたいもの。内にあってのみ、カカアやガキを怒り威張り散らすのは男の中の下の下、男の怒りは外に向かって吐き出されなければならぬ」

物言わぬ農民に対するイライラが伝わってくる。しかしそれも8年後の98号になると、

「郷土の発展のため、青年は熱血を注ぎ、因習、しきたりに惑わされず己の目指す所にばく進してこそ成功の道が拓ける。近頃では、青年達も文化祭、健康祭での活躍が目立っている。地域住民が手を取り合って努力してこそ、万里の長城よりも強固な堅牢な上郷が建設されるのである」

と、自信と希望に溢れた内容になってくる。

タブロイド判4ページの『健康センター新聞』は、創刊以来一度も休刊することなく12年、編集委員が代替わりしながら150号まで毎月続いた。見知った人や身近な記事に、号を重ねる度に人気は高まり、住民達も楽しみに待つようになった。心の健康づくりの大きな力になったのは言うまでもない。新聞で地域の連帯意識を復活させようという宮原の思惑は、見事に的中したのである。

「子ども達のために地区の歴史として残そう」と縮刷版も作成。さらに制作の経験とノウハウが新たな本も生み出す。1981年8月、広報部員と編集委員の12人で、地域医療や村づくりに励んでいる全国12カ所の自治体、農協、医療生協などをルポし、『住民が見た全国の健康づくり運動』（上郷健康センター　1981　B6判320ページ）という1冊にまとめたのである。

上郷での健康づくりを始めて10年、同じように健康管理や村づくりの活動に携わっている全国の仲間に接して、お互いの心に共感が生まれ、さらなるエネルギーが湧いてきたのではないだろうか。レポートの言葉の端々に、書いた住民記者の自信が覗く。自主的な活動は、見事に人を育てるのだ。

村の2大娯楽イベント、健康祭と文化祭

文化活動の目玉は、何と言っても夏の健康祭と冬の文化祭である。

健康祭は住民が一堂に集まり、15から20の行事を住民自身が企画・準備して、「思い切り羽を伸ばして遊ぼう」という発想で生まれた。大学祭や学園祭に近いものだから健康祭りではなく〝健康祭〟となった。

予算はおおよそ180万円ほど。健康センター、農協、公民館が負担金を出すほか、象潟町や由利組合総合病院からの援助金、メンバーが地域を回って集めた広告費などでまかなわれている。企画・立案・準備は、毎回、全住民の1／10に当たる250名ほどの住民で実行委員会をつくり役割を分担。行事ごとに10名ほどの担当者が、3カ月ほど前から集まって内容を煮詰めて行く。話がまとまらずに喧嘩騒ぎになったり、酒だけ飲んで終わったり、日が近まると徹夜で準備したり、協力を求めて各戸を巡ったり。思わぬ難題や壁にぶち当たっても、何とかみんなで乗り越えて、当日の成功へと持って行く。

ここに1978（昭和53）年8月23日から27日まで行われた「第7回上郷健康祭」のプログラムがある。中面は墨

1色だが、表紙はブルーと墨の2色刷り、A4サイズ、48ページの堂々たるものである。

最初のプログラムは、「もったいないからガリ版刷りかタイプ印刷で十分だろう」という意見もあったが、議論の結果、地元の企業や商店から広告費を取って費用に充てようということになり、奔走の甲斐あって印刷費を広告宣伝費でまかなうことができた。これは上郷始まって以来の快挙と言われ、以来、この方法が踏襲されるようになった。ちなみに第7回のプログラムには大小57の広告が掲載されている。

内容を見てみると、23日は講演に駅伝大会、前夜祭の演芸大会、24日には岩手県の沢内村や秋田県の井川町から講師を招いての健康相談、男の料理教室や卓球大会、25日がお年寄りのための演芸会に秋山ちえ子講演会、26日は相撲大会に小室 等コンサート、そして最終日が運動会と、何とも豪華で多彩だ。

この年の小室 等コンサートには、こんなエピソードがある。

小室 等を呼んで来たのはフォークグループ「ライフ」の3人だ。22歳と24歳の青年達は、秋田県東部にある田沢湖で開かれたフォーク祭りに参加し、ゲストで来ていた小室の楽屋を訪れる。そしてそこにいたメガネでヒゲ面の男性に頭を下げ、コンサート出演への承諾を迫った。しかし、事前に音楽事務所を通して依頼していたにもかかわらず、相手はいぶかしそうに見るだけだ。『感じが悪いな』と思ったが、それは彼らの早とちりで、実は人違いだった。本物の小室は、客席の若者に交じって彼らの演奏に

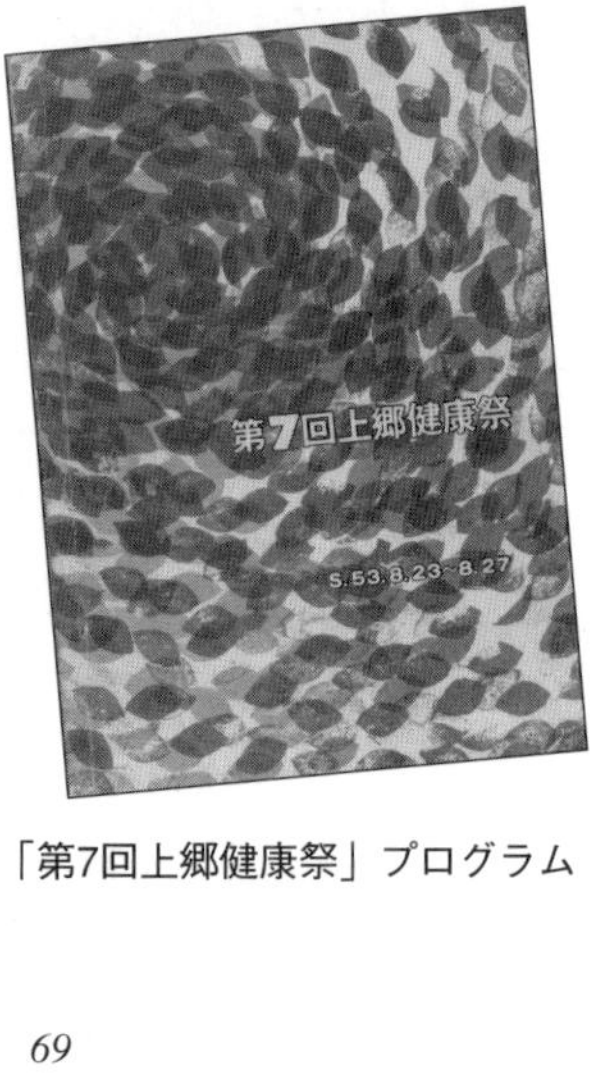

「第7回上郷健康祭」プログラム

手拍子を取ってくれていた人だった。上郷へのコンサートには「もちろん、行くよ」と固く約束してくれた。

とはいえ、ギャラと交通費で60万円はかかる。入場料1、500円でも400人を集めなくてはいけない。最初はさっぱり反応がなく、15、6人の仲間を呼び集め売り込み作戦を続けたが、それでも思うような結果は出ない。準備をしながらも「失敗したら、おめの車売ればいい」「おれとこの田んぼか牛売る」と冗談半分に言い合いながらも、一時は悲壮な雰囲気に包まれた。しかし健康祭の一環だったこともあり、最後にはこんな奥の手も使った。

「ばっちゃん、これ健康祭でやるコンサートの券だども」。

「買わねばだめなのか?」。

「んだ」。

コンサートの当日、フォークソングには無縁のじっちゃん、ばっちゃんも、小室の演奏に楽しそうに手拍子を取ってくれた。予想をはるかに超えた成功に3人はもちろん、小室も大いに喜んでくれたと言う。

健康祭の期間中には保健関係の展示も行われる。もちろん住民が自分達で制作したものだ。

宮原は言う。

「年に1度くらい、みんなが楽しむ日を作らなきゃと思って始めたんですが、健康祭で住民は変わりましたね。1つの部に青年、婦人、老人が入っていて、多い部は20回くらい集まるので、地域がまとまり明るくなりました。嬉しいのは青年達にも、田があるから家があるからここに住んでるんじゃない、素晴らしい地域だからここに住んでいるんだと思わせるようになったことですね。これは心の健康づくりにとって、とても大きな力ですよ」。

一方、文化祭は冬の2月に行われる。健康祭と同様、実行委員会がすべてを企画し、予算は50万円、やはり各団体で出資し合ってまかなう。内容は展示が中心で、もともと手仕事の好きな土地柄もあって、各世代から書道・絵画・写真・民芸品・手芸品などが、会場に入りきれないほど集まる。さらに毎回、映画や民話、踊りや手品など、

第1回上郷健康祭

第10回上郷健康祭ポスター

第7回上郷健康祭での村を挙げての駅伝大会

満員盛況の文化祭会場

老人向けの企画内容で、たくさんのお年寄りが喜んで参加した。最終日は恒例ののど自慢大会で、5歳の幼児から80代のじっちゃん、ばっちゃんまで、みんな心おきなく熱唱。300人は入る会場が、毎年超満員になった。

そこにはかつての農村の悲惨さも、出稼ぎ家族のわびしさもない。文化祭は、「厳しい環境に負けないで、明日も頑張ろう！」という思いを、住民達に抱かせる。これも心の健康づくりの大きな力だ。

とはいえ、大盛況の健康祭や文化祭だが、それが健康センターが目的としている健康づくりにつながることだとは、すぐには住民達に理解されなかった。

「文化なんて公民館さ任しておげ。そのための公民館だべさ」。

「不景気で出稼ぎして稼いでいる時に、何10万も金かけて。他に金の使い道あんだろうに」。

「先生はええ医者だども、何さもかにさも手え出し過ぎだ」。

しかし町と農協と公民館、それに住民が一体になって祭りを盛り上げる様子に、そして参加者の多さと喜ぶ姿に、そんな声も次第に消えていった。

実行委員会形式の健康祭や文化祭は、当日の成功も大事だが、その過程こそが最も大切なものだ。準備で何回も集まるうちに、酒を飲みながら病気の予防や健康づくりについて、村をどうしていくかについてなど、ごく自然に話題に上り、住民の意識は自ずと高まっていく。

祭りの中心はやはり青年である。それまで村で自分達の存在意義を見いだせなかった高等学校を出たばかりの青年達にとって、健康祭や新聞作りの存続は大きな意味を持つ。それは自分達の新たな〝活躍の場〟だ。そして若者のエネルギーは、そのまま村の活力につながる。かつては住民の絆であった伝統的な祭りも、そんな若者達の手によって復活し始めた。

運動のベースとしての仲間づくり

宮原が上郷に来てからの矢継ぎ早な活動は、住民達からは「まるで新幹線だがや」と言われた。しかし、「鈍行だったら進歩がないでしょ」と宮原は澄ましたものだ。そしてその新幹線は、健康センターの発足以来、さらに一段とスピードを増し、静かだった上郷に疾風を巻き起こしたのだ。

とはいえ、いくら宮原が若くて行動力があり情熱に燃えていても、見知らぬ土地でただ1人、10数年も闘えるわけがない。それは宮原自身がいちばん分かっていたことで、だからまずは受け入れてもらうこと、そして仲間づくりを優先した。

村に馴染むために宮原が最初にしたことは、稲作りだった。上郷は稲作地だ。宮原は着任早々に１００坪の田を借りて稲作りに挑戦。「生活を知らないと病気は診れない」を、目ではなく体で実践したのだ。診察室で口をつぐむ患者も「うちの田んぼはなかなかうまくいかなくてね」と言うと、「そりゃあだりまえだ」と笑顔で口を開いてくれた。慣れない農作業による腰痛は想像以上のものだった。収穫した米は残念ながら量も質も今ひとつで、稲作りは1回で終わってしまった。

次は野球部づくり。中学から大学まで野球部員だった宮原は、当初から野球部創設を考えていた。ある集まりで結成を持ちかけると、「前からやりたかったが資金がない」とのこと。「資金は自分が集めるから問題ない」と言うと、すぐに25人が集まった。当然、試合や練習の後は飲み会だ。言いたいことを言い合う仲間が、以後の活動の強い同志になったことは言うまでもない。

とにかく酒宴になって初めてボツボツと本音が出てくる土地柄だ。夜の更けるまで一升酒で語り合うことで、多くの村民達と心が通じた。みんなふるさとへの熱い思いを忘れていたわけではない。暗い現状を打ち破り新しい地域づくりをしなくてはと思っていた者も、少なくはなかったのだ。どんな人の心にもすっと入っていく宮原は、そんな気持ちに火をつけた。共感の輪は広がって、支えてくれる若者や婦人の数が増え、時には高齢者達もおずおずと手を差し伸べてくれるようになった。

宮原が特に大切にしたことは、医師である自分と住民とを同一次元に置くことだった。

「医者が一段高い所から指導していては、健康づくりなんかできっこないですよ。住民の主体性と自主性を尊重するには、お互いを十分に理解し、信頼し合える人間関係が必要です」。

そんな思いがあったからこそ、村づくりを一緒に担う仲間として受け入れてもらうことができたのだ。情熱だけでは果たせない。宮原の内にある「運動家」としてのクールな視点が、そうさせた所以だろう。

妻の美樹の協力も忘れてはいけない。男社会の農村で農協婦人部以外の活動に、率先して動く女性は少ない。そんな中、初代広報部で新聞作りに走ってくれた。そして診療所兼住宅での仕事中心の10数年間、家事、育児、診療所の手伝いと、グチひとつこぼさずに支えてくれた。

宮原が美樹に会ったのは仙台の病院で研修していた時だ。それまで付き合ってきた女性達は「将来は農村で診療所を開きたい」という言葉に、みんないつの間にか遠ざかってしまった。なのに美樹だけは、あっけないくらい簡単に「いいわよ」と付いて来てくれた。感謝の気持ちは忘れたことがないと言う。

上郷で生まれた3人の子ども達も元気に育ち、着任時お腹に居た長女の真紀、2年後に生まれた長男の真、そのまた2年後に生まれた次女の友紀は、村の子ども達と一緒にたくましく野山を駆け回った。

「急患は予測がつかないし、活動も住民の都合に合わせますからね、当然休みはなくなります。でも長年やってるうちに、村の人の方が、先生、大変だからしばらく行事は組まないようにしようと配慮してくれたり、学習会で勉強してますからね、急を要するものと様子を見てもよいものとの症状の違いが分かるようになって、急患も激減しました。私はこういうふれあいがとても好きなんですね。だから自己犠牲なんてまったく感じないし、ある意味自分のやりたいことをやれているんだから、むしろ幸せだって思ってました」。

地域医療に励む多くの医師達は、宮原と同じような思いを抱いている。時には過労を押しても走り続けるのは、はるかに大きな喜びや感動が得られるからに違いない。「若い人に地域医療を通して医者としての生き方を考えてほしい」という宮原の言葉には、大いに共感するものがある。

住民の熱意で診療所を新築

診療や治療以外の予防、保健活動には特別の手当があるわけではない。宮原はもちろん、巡回健康教室などに同行する看護婦や検査技師もみんなボランティアだ。

「もともと医療従事者の仕事はそんなものですよ。それが嫌なら最初からそういう仕事に入るべきじゃない」。

宮原は診療所のスタッフにも常々そう言っていた。それでも文句も言わずに一緒に動いてくれる彼らの存在は頼もしかった。

もう一つ嬉しいのが、新しい診療所だ。

それまでの診療所は１９６５（昭和40）年の建設で、それほど老朽化していたわけではないが、木造の平屋建ては当初から狭い、暗い、寒いと患者の評判が芳しくなく、その後レントゲン室や待合室、それに新しい医療器具が設置される度に行われる増築で、廊下はさらに迷路のようになり、不便さを増していた。そこに健康意識の向上と老人医療費の無料化が加わって、待合室や検査室は、まさに飽和状態となったのである。

そこで１９７３年、上郷農協と部落総代などが中心となり、町に対して診療所の新築が要望された。しかしちょうどこの頃から地方財政が逼迫したこともあり、事はすんなりとは進まなかった。

翌年、業を煮やした住民各層、町議、財産管理委員会、部落総代、農協理事および各種団体など、40数名が建設促進委員会を結成し、早期建設を決議。けれどもこの時も、上郷小学校の新築決定と重なったため、上郷だけを優遇するわけにはいかないという町側の姿勢と、さらに医師会との兼ね合いもあって、また暗礁に乗り上げる。

そんな時、折よく国に農村検診センター設置の計画があり、厚生連（農協）の応援もあって、75年秋、首尾よく全国初の内定を取得する。ところが町は、何と厚生連や促進委員会に無断で、財源難を理由にこれを断ったのである。町行政が批判されたのは言うまでもない。促進委員会は、町単独での早期建設を強く要望し、建設資金がなければ全世帯で米1俵を供出しようというところまで激化。驚いた町はここにきてやっと建設を約束し、米1俵供出運動は中止されたのだった。

その後も用地買収はなかなか捗《はかど》らなかったが、翌76年9月の町議会で最終的に議決がなされ、冬も間近な11月、待ちに待った杭打ちが始まった。4年越しで粘り強く要望して闘った住民のエネルギーは、健康で豊かな村作りを願う心があったからこそ生まれた。まさに、健康づくりが住民運動に発展した証の一つである。

1977年8月、330平方メートルの新上郷診療所が竣工。受付をカウンター形式の開放的な感じにし、全館セントラルヒーティングでトイレは水洗、広い待合室には椅子席のホールのほかに高齢者のために8帖の畳の間も設けた。診察室や検査室も大きく取って、検査の充実を図るための理学検査室、自然食品や減塩味噌などを展示販売する会議室も備え、さらに救急車も装備。利用者のためを第一に考えた、農村の無床診療所としては極めて立派

新しくなった診療所

なものとなった。

スタッフも看護婦3人、臨床検査技師1人、栄養士1人、医療助手2人、レントゲン技師1人、それに医療事務1人と健康管理事務3人、雑役1人の計13人。全国の無床診療所の平均従業員数は3・6人というから、優に3倍を超えている。着任に当たり宮原が和泉に提示した条件の一つ、「診療所の設備とスタッフの充実」は、6年後、見事に達成されたのである。

住民による研究と活動が受賞

和泉に出したもう一つの条件である大学通いも、74年以来続けられた。週に一度、秋田大学へ出かけ、脳卒中の予防を研究したり公衆衛生の教室にも出入りして、最新の医療や情報を得た。そして毎週木曜日の診療後の午後には本院に出かけ、地域医療に必要な最新技術も取得。特に救急法については、挿管や人工呼吸、薬の使用法など、大学や由利病院、研修会などで繰り返し学んだ。これらは住民の命を第一に考えてのことである。

その他、脳卒中の早期予防のために重要視されている眼底の血管検査については、その症例数からして、宮原は秋田県でも1、2を争うほどの経験を重ね、眼底網膜血管情報に関する研究で秋田大学医学部の学位も取得している。博士号の取得は、和泉に勧められたものだが、実際、その後の宮原の人生で大いに役立つことになる。

また、年に数回は農村医学会や公衆衛生学会にも出席。鋭く真摯な質問を何度も投げかける若い農村医の姿には、多くの地域保健医療の研究者や実践者が注目した。当時の新聞などのスクラップコピーが残っているが、上郷での活動について宮原自身が朝日新聞や毎日新聞、日本農業新聞で1年間連載を続けたり、週刊現代、それにミセスや家庭画報で特集を組まれたり、宮原を主人公にしたラジオ番組も放送されたりしている。実際、公衆衛生学会や地域医療の現場では、宮原はスター的な存在であった。

宮原が特異なのは、自身が研究発表するのはもちろんだが、診療所の職員達にも何らかの研究テーマを与えて毎日リポートを書かせ、年2回の学会で必ず発表させていることだ。全国レベルの日本農村学会にも、高度に専門的な研究論文を各自に提出させている。こうした発表の中から、１９８２年には診療所検査技師の鈴木恵美子が、医師以外では初めて秋田県の医学会賞に輝いた。

宮原にとって、論文の執筆や研究の発表は中期研修のつもりであった。しかし一般的にはほとんど知られていない農村の実態、例えば農村婦人の約半数に見られる人工中絶などについて、多くの医療関係者、特にこれから地域医療を目指そうとする若い医師に知ってほしいという思いも強かった。

宮原と診療所のスタッフ、健康センターの職員、それに健康センターの各部会で活動する住民の奮闘に対しては、

「保健文化賞」受賞記念碑

1980年に地域医療の〝文化勲章〟と言われる厚生省「保健文化賞」を受賞している。これは町村単位で与えられる団体部門の賞で、上郷地域は歴代受賞者では最も小さな組織だった。

「私が代表ということで受賞し、天皇陛下にも謁見しました。平服でいいということだったので背広で行ったら、他の人は礼装でびっくりですよ。みんなで一致団結してやったことのご褒美ですからね、副賞の250万円のほとんどは、上郷で大宴会を開いてみんなで飲んじゃいましたよ」。

何とも豪快なことである。活動に必要な費用は、その都度調達すればいい。それよりも、今はみんなで喜びを分かち合い運動の礎を強めることの方が大事だ。運動は楽しくないと長続きしないという宮原の哲学が、ここにも垣間見える。

裾野を広げる住民健康運動

住民の健康管理を本格的にやるためには、裾野が広がれば広がるほど強力さが増す。健康センターの活動は、協力できる地区内外の団体とはすべて協力して行われた。象潟町役場福祉課・農林水産課・住民課、象潟町公民館、町内にある3つの農協、上郷小学校、小滝保育園、本庄農業改良普及所、本庄保健所、由利組合総合病院、医師会などである。

それらの団体から事務職員が集まって月に1度連絡会議を行い、各団体でスケジュール調整しながら行事の競合を防いだり、協力できる行事についての打ち合わせを行う。もちろん団体間の意思の疎通や親睦を図るのも目的の一つで、これらの協力が、上郷の健康づくり、村づくりの大きな支えであったことは言うまでもない。

特に農協婦人部には、各部落25戸から1人ずつ選出されて組織した健康推進部があり、宮原はまず彼女達に各地区で実践的なリーダーとしての役割を担ってもらおうと考えた。そこで健康センターの5つの部で各活動に従事してもらい、専門家を招いての健康大学や、特に栄養面の高い知識を付ける勉強会などへも参加を募って、保健指導員としてや健康センターと住民とのパイプ役として大いに活躍してもらった。検診や事後指導が地区の隅々にまで行き渡り、文化活動が円滑に行えたのも、事あるごとに全戸を訪問し説得や指導をしてくれた彼女達の働きによるところが大きいと宮原は感謝している。

ただ当初からどの団体とも協力関係が万全だったかと言うと、そうではない。医師会からは健康センター設立に際して、「センターは患者集めの〝地引き網〟ではないか」とクレームが付いたり、公民館とは社会教育面の活動が重なってしまうことから〝縄張り争い〟的な様相を呈してしまった。そして生活活動の展開は時として農協や行政批判につながることもあり、両者への越権と見なされることもあった。

解決には誤解を解くしかない。再三の話し合いで互いに理解を深め合い、何とか活動をスムーズに進めていくことができた。

健康づくり運動は政治色も宗教色もない、ただ地域住民の健康をみんなで一生懸命行う活動であり、誰からも反対されるはずなどないと宮原は思っていた。それだけに「相互理解が十分でないと、正義正論であっても必ずしも支援を受けることができないという現実は、しみじみ身に染みた」と言う。

だからこそ、気持ちを一つにすることがいかに大切であるか、また多くの団体が集結して協力すれば、資金や宣伝の面でも、また活動自体も、2倍にも3倍にも大きく強固なものになるということを実感した。宮原は、上郷での活動通して、協力者を見つけること、そして良い協力関係を築き、それを持続させることを学んだ。もともと協調性のある性格ではあったが、さらに磨きがかけられて大きな武器へと成長した。

膝詰めでの話し合いを重ねる宮原医師

静の村から動の村へ

1人の若い新米医師が、新幹線と揶揄されながらも、そのスピードに住民を乗せてひた走ってきたこの上郷健康センターの試み。それまでの無医地区や農村・辺地には見られなかった新たな健康管理のパターンであり、日本の医療の原点と言われる岩手県の沢内村や、若月俊一が始めた長野県の厚生連佐久総合病院による八千穂村の健康管理とは、基本的に異なるものであった。それは市区町村によるものでもなく、農協病院によるものでもない。住民自身による自主的な健康管理体制であり、その活動も健康を身体面だけでなく精神面からも追求し、幅広い文化活動を行いながら、健康づくり運動を村づくり運動の流れの中にとらえている。だからこそ住民達は健康を取り戻したばかりか、若者達が村に帰り、伝統行事もよみがえったのだ。まさに、静の村から動の村への変貌である。

秋田の地方新聞『魁新報』は、上郷地区について、

「大げさに言えば、運命共同体とも思えるほど徹底した〝みんなの世界〟なのである。この上郷地区の例は、健康管理から日常生活の改善、そして生産活動まで、いわば、揺りかごから墓場まで一貫したものなのである」

と、素晴らしい共同体として紹介している。

健康は人間にとって最も大切なものであり、政治や宗教にも、またどんな利害関係にも関わらず、誰しもが賛同し力を合わせることができるテーマだ。だからこそ、さまざまな課題への取り組みが地域に生まれ根付いていくのに、それほど長い時間を必要としなかったのである。

象潟町の外れの寿司屋で、ある日、心が弾む光景に出会ったと宮原は言う。

若い娘達が、「上郷さなば嫁に行ってもいい」と話していたのだ。

上郷には年に2回も楽しい祭りがあるし、1年中スポーツ大会などのいろいろな行事が行われていて、若い女性も主婦も自由に参加している。しかもダンナが協力して送り迎えしてくれるようなムードが村全体にあるから、家に閉じ込められることもなさそう。それにみんなで作った保育園もあるし、各部落には集会所があって料理教室も盛んに開かれている。プールや診療所も充実していて、おまけに結婚10周年の記念旅行もある。こんなに進歩的で

明るい地区は他にはない、と言っていたそうだ。

隣の芝生かもしれないが、こんな風に評価されているのかと「聞いててすごく嬉しかったですね」と笑う。もちろん失敗や問題点がないわけではなかったろう。しかし失敗は原因を突き止めて繰り返さないようにすればいい。問題点は、運動をしたからこそ出てきたものであり、何もしなければ昔のままで村は変わらない。むしろ後退していくに違いないのだ。

「何の欲もしがらみもありませんから、必要なことはやればいいし、ないものはつくっていけばいいって発想ですよ。健康祭だって、大学祭の実行委員をやってとても楽しかったから、じゃ、これを村でやったらいいんだって。難しいことなんて何もないですよ。でも農村のことを知らなかったからできたんで、今になって思うと、よくもまぁ、好き勝手に言えたもんだと思いますよ。医者だからできたんでしょうね。農村での医者の力は、ある意味絶対ですから」。

そして、この「医者の力は絶対」ということが、後に宮原を上郷から去らせることになるのである。

〝天井〟になってしまった

上郷で村づくり運動を始めて10年を過ぎる頃から、宮原の周りで少しずつ様相が変わってきた。

健康センターへの加入率はほぼ95％を維持していたが、運動を支持しているのはおそらく5割程度で、3割は行事によっては参加する派、2割は反対派だった。どんな運動にも反対はつきものだが、そもそも村には長い歴史やしきたりの中で生まれた権力構造があり、長く続いてきたステップアップの流れがある。部落委員から農業委員、そして農協理事、議員という順番だ。ところが運動を積極的に進めていく仲間の中から、いきなり農協理事が出たり、30代で議員に立候補し、しかも当選する者が出てきたのだ。旧勢力者を中心に、反対派が力むのも無理はなかった。当然、その元凶として宮原への風当たりが強くなっていく。

薬も検査も必要最小限にして、その上、行き届いた診療をすればするほど赤字にもなる。診療所の赤字が年間1、000万円から1、500万円になった時、本院は当然のごとく人員削減を迫ってきた。赤字に文句は言わないという約束は、和泉院長の他界もあってすでに反故となり、「治療より予防に力点を置きたい」という宮原の方針も、敬遠されるようになっていた。本院対診療所の確執と見たからか、「支持派は居ても、実際に動くとなるといろいろな問題もあったようで」と宮原自身が言うように、この件に関して住民達は共に立ち上がってはくれなかった。

さらに、健康センターの活動も、数年経つと行事が固定化してきたせいもあって、立案や実行をセンター任せにしてしまうようになってきた。住民組織としての権利を放棄して、安易な方向へ流れようという傾向だ。これが続けば、自分達でやるスタイルから、お任せ型、さらには単なる観客としての参加型へ変わってしまう。いやすでにその流れが変わりつつあるような感じだった。住民の健康づくり、村づくりへの意識は、本当に高くなったと言えるのだろうか。もし健康センターが活動を停止したら、その時、住民は自分達だけで独自に運動を続けていけるのだろうか。宮原は自問した。

また、かつては三顧の礼で迎えられた医者でも、10年も居れば、住民にとっては水や空気と同じように「居ることが当たり前」になってくる。ましてや異なる意見を主張されたり想定外の活動をされると、行政にとっても煙たい存在になってくる。村の家が80年前の家と新築の家では、外観は変わっても間取りは同じなように、一見変化したように見えるだけで、村の本質は変わらないのかもしれない。

息苦しさが宮原を襲うようになった。

そしてさらに、

「住民の自主性を大事にしながらやってきたと口では言いながら、でも実際には、理想的な地域医療を実現したいという焦りから、自分の意見を押し付けてきたのかもしれません。みんな、最終的には私の顔色を窺いながら事を進めてきたような気がするんです」。

そんな宮原の「焦り」に対して若月俊一は、宮原の『これからの地域医療』の序文（医学書院　1986　4ページ）の中でこう書いている。

宮原先生が反省している「焦り」。これは運動家の誰の胸にもあるものではないであろうか。「人民の中で」と、多くの先輩は唱えてきた。しかし、それを真に実践する運動家こそ、いつもその「焦り」に悩まされ、それと闘ってきた者ではなかったであろうか。

宮原の自己批判に心を動かされたと言う若月。同じ悩みを抱えながら地域医療の道を歩んできたに違いない若月の言葉は、ずしりと重い響きを持つ。絶対的に正しいと思うことでも、多くの人を巻き込んで進む運動であればこそ、これでいいのかという思いが強くのしかかり、常につきまとって離れないのだろう。

さらに「一人医師」が持つ権力への重責。病院の医師団であれば、責任も力も分散するし、常に話し合いも可能だ。しかし診療所の一人医師は、孤独だ。それだからこそ、1人でこれだけの実績が得られたのだが、だからこそいっそう迷いも深くなるのである。

『自分が〝天井〟になってしまったのではないか』という思いが宮原の中でどんどんふくらんでいった。対等とは言いながら、やはり医者は医者である。ほとんど決まりかけていたことが、自分の一言で覆ることがある。自分が居ることで、かえって住民の自主性が育つのを邪魔しているのではないか。宮原の中でさまざまな思いが駆け巡る。新幹線のように疾走しながら、ふと立ち止まって思い悩む宮原の姿が浮かぶ。

そんな時、高知県の西土佐村から3年越しの熱心な誘いを受けた。村長の中平幹運《なかひらよしかず》は、村を上げて全面的に支援するので医療改革をしてほしいと言う。

『そろそろ潮時かもしれない』。

新天地への思いは、上郷での経験を活かしてさらに地域医療の理想に近づきたいという純粋なものであったが、同時に、自分が抜けた後の上郷がどう変わっていくのかを見たいという気持ちも、正直言ってかなり強かった。

『一度は無になるかもしれない。でも2千5百人の地区だ、熱心な者が5人居れば、いつでも新しい渦は作れる。足かけ14年間一緒にやってきて、それだけのエネルギーはしっかり充電させたはずだ』。

共に活動してきた仲間達が、どういう動きをしてくれるか。大いに楽しみでもあった。宮原は四国の西端の小さな村に、新たな舞台を選ぶことにした。

1984年5月30日、宮原は診療所職員を前にして辞職を決意したいきさつを話す。そのニュースは瞬く間に上郷中に広まり、村は大騒ぎになった。

6月25日発行の『上郷健康センター新聞』第150号は、「宮原先生、上郷を去る!!」として特集を組み、その時の様子を次のように書いている。

「宮原伸二先生が上郷を去る」というショッキングなニュースが、上郷地区内外を揺るがしています。昭和46年4月以来、13年間、上郷診療所長・上郷健康センター所長として、地域のために、宮原先生が血肉を削る奮闘をされてきた事は、誰しも認めるところでしょう。その先生の辞任のニュースに、地域が大揺れに揺れているのは当然の事……。「信じられない」「何とか引き止めたい」「寝耳に水……」「ついに来るべき時が来た」などと、受け止め方もさまざまです。

上郷健康センター新聞　昭和59年6月25日発行
宮原先生、上郷を去る!!
健康センターは住民・農協の力で存続
上郷診療所は大きなピンチに
ごあいさつ
真価問われる これからの健康センター
健康センターの昭和59年度の予算

宮原所長の離任を伝える
『上郷健康センター新聞』第150号
(1984.6.25)

6月5日には、健康センターの総会後の懇親会で、「今回の決意は5年以上前から、自分はいかに生きるべきかを考えてきたことの結果であり、迷いに迷ったが、これは医者としてのわがままだ」と説明。もちろん住民は納得しはしない。そこで、12日に有志70名が集まって、また13日には町長、町議長、町民課長、農協長、部落総代会長らが一堂に会して翻意を促した。けれども宮原の決意は固く、「何としても」という住民の気持ちも、彼を引き止めることはできなかった。

1984年8月、13年間余りの仕事を終えて、一家は上郷を後にする。宮原は、毎日目にしていた鳥海山を見られなくなることが、こんなに寂しさを感じさせることになるとは思わなかった。車に乗り込みながら見た鳥海山は、深い緑をたたえて、その日は格別美しかった。

その後の上郷地区は、3年間は健康センターも活動を続け、健康祭も文化祭も開催された。しかし農協の合併と由利総合病院からの支援のストップが状況を一変させた。さらに診療所に新たな医師が着任しないことも災いした。

宮原に火をつけられた1人で、健康センターの事務長をその後5年間務めた土井一美は、高校生の時から自身もやんちゃな性格でいろいろな事件を起こしたものだったが、宮原に対してはいつでも「まぁ、まぁ」と言うなだめ役だった。宮原が去って数年経った頃、妻の真紀子によく話したそうだ。

「今になって先生の仕事の大きさがよく分かる。当時は、病気のことも健康のことも何も分からず、ただもう先生に付いていくばかりだった。しかし、今あっちこっちでやってる健康づくりを見ると、みんな上郷でやってたことばかりだ。先生はやるのが20年早かった。今だったらみんな、そんなに遅れず先生と一緒に走れたはずだ」。

また若月も、宮原が「高知市の西土佐村診療所に移られたという話を聞いた時には、正直に言って驚いた」と書いている（『これからの地域医療』3ページ）。若月は亡くなるまで佐久病院から離れなかった。当然、宮原もそうするものだと思っていたのだろう。また、もし去ることがあれば、宮原が始めた健康づくり、村づくりも終焉を迎えるだろうということが、長年の経験から推測できたのかもしれない。それほど地域医療は難しく、そして脆いものなのだ。

象潟町は、2005年に合併して、「にかほ市」となった。築後32年の診療所は、今は建物が残っているだけで、住民は象潟町の病院か上郷診療所の本院、由利組合総合病院に通っている。しかし健康は自分で守るもの。多くの住民達は普段の生活で健康を語り、血圧を測って食生活に気をつけているという。宮原の健康づくりは、今でも住民達の心と身体に残っているのである。

宮原とかつての仲間との交流は今も続いている。どちらも近くに行けば寄り合うし、酒が入ると昔のままの物言いで、夜が更けるのも忘れる。

「今でも村で何人か集まると、宮原先生に帰ってきてほしいなぁ、と言ってるんです。先生が戻ってくれたら、みんなどれだけ嬉しいか。またみんなで健康祭をやって楽しみたい」。

土井一美の妻・真紀子のしみじみとした物言いが、心に響く。夫は5年前に他界した。

第3章　本物の医療と福祉づくり

——高知県西土佐村にて

医療費削減で村を救う

西土佐村は高知県の西端にあり、村の北部と西部は愛媛県に接し、中央には日本最後の清流として名高い四万十川が、渓流や支流を集めて緩やかに流れている。広さは大阪市よりも大きく、その9割は森林で、平地は川の流域にわずかに見られる程度。30ある集落はすべて四万十川とその支流に沿って連なっている。

幹線道路も村を周回する道路もない典型的な陸の孤島は、中村市や宇和島市から30~40キロメートル離れ、診療所と一番遠い部落の間も40キロメートルある。上郷が1周約8キロメートルで、象潟町まで4キロメートルだったことを思うと、宮原も言うように「本当の辺地」だ。

人口は3,816人（2000年10月現在）、1平方キロメートル当たりの人口密度は、大阪が11,940人なのに対してわ

四万十川

ずか15人。高齢者比率が30％を優に超える典型的な過疎の村は、２００５年、中村市と合併されて現在は「四万十市」になっている。

そんな西土佐村で村長の中平幹運《なかひらよしかず》は、70年代半ば過ぎから高騰し続ける医療費に頭を悩ませていた。その頃、西土佐村の高齢化率はまだ15％ほどだったが、高齢者人口は年々急増の傾向にあり（実際、84年の宮原着任時には24％になっている）、20年後には30％を軽く突破し、前期高齢者と後期高齢者の比率も、2対1から1対1以上にまでなりそうな勢いだった。しかも集落が広く点在しているため診療所は村に4カ所もあり、そのすべてが赤字経営である。村民はほとんどが国民健康保険だったため、70年代末頃からは一般財源からの赤字補充が現実のものとなっている。

国民健康保険の保険料負担は、加入者の保険料と国費でほぼ半分ずつ負担することになっている（現在は国費を7％減らし、その分を都道府県が負担している）。だから国保加入者の医療費が増えれば、保険料と国庫負担もそれに比例して増えることになる。医療費は高齢化とともに全国的に増加する一方で、減ることなど、まずない。高知県でも、「医療費の増加に見合った国保料の改定」、つまり値上げを指導していた。

『このままでは財政は破たんする。何とか医療費を下げて国民健康保険税を減額しなくては』。

中平村長は、医療費削減に取り組む地域や病院などを訪ねて話を聞くことにした。その一つが、西土佐村と同じ高知県幡多郡の佐賀町（２００６年大方町と合併、現在は黒潮町）にある拳ノ川《こぶし》診療所だった。

拳ノ川診療所は、地域に密着した医療を実践することで「寝たきりゼロを目指す町」として、当時、四国で話題になっており、診療所長の疋田善平《ひきたよりひら》は、１９８１年、高知県の医療功労賞を受賞していた。その他、故・若月俊一（長野県佐久総合病院名誉総長）を記念した「若月賞」や、宮原や上郷が受賞した「保健文化賞」も受賞。副賞の２５０

万円は、上郷が村民上げて大祝賀会に使ったのに対して、全額、佐賀町に寄付したという。

中平が特に関心を抱いたのが、疋田の「全村病院構想」である。中平は村議を伴い、拳ノ川診療所を訪れることにする。

疋田は1921（大正10）年、滋賀県に生まれ、大阪高等医学専門学校（現・大阪大学医学部）および陸軍軍医学校を卒業後、京都陸軍病院に勤務したが、4カ月で終戦。45年9月からは国立京都病院に勤務し、当時の国民病、死の病と恐れられた結核の診療に従事するかたわら、結核検診に取り組んで予防医学の充実に尽くした。

その後、国立京都病院で内科医長をしていたが、50歳を前に「予防医学をやりたい」と、地域医療に携わることを決意。周囲の慰留や妻の猛反対にもかかわらず、『醫事新報』という雑誌の求人欄から拳ノ川診療所を選び、さっさと赴任を決めたのである。

疋田は、予防医学を旗印に僻地医療のあるべき姿を求め、PPC（Progressive People Care：全住民の年齢、健康状態に応じて世話する医療）の精神に基づいて、朝6時半から診療所を開き、各家庭への往診も24時間体制で行ってきた。

「全村病院構想」は、当時聖路加国際病院の日野原重明医師（現・同病院理事長）が「家庭を病院に持ち込め」と言っていたのを、「家庭に病院を持ち込め」として始めたものだ。集落全体を病院に見立て、重症でなければ自宅を病室と考えて〝入院〟させ、そこに診療所から疋田や看護師が通って診察する。疋田に言わせると、通常の病院に比べて「かなり廊下が長いですけどね」ということになる。さらに「広域総合病院構想」として、自分の手に負えないと思われる患者には、必要に応じて専門医を紹介する。疋田は、それらの医師をひっくるめて、丸ごと「ひとつの総合病院」と考えているのである。

検診はもちろんのこと、予防医学を広めるために「健康出前教室」などの講話活動も精力的に行い、その結果、赴任当時には拳ノ川地区一帯で50人近かった寝たきり老人を、わずか2年で5人にしてしまい、以後、限りなくゼロに近い数字を維持している。

過疎高齢化の進む地域にあっては、病い、老い、そして死に対して、どう向かい合っていくかということは避けて通れない問題である。本人や家族と話し合いを持ちながら、どう生き、そしてどんな死を迎えるか。疋田は町ぐるみの取り組みを進め、その中で生まれたのが、「満足死」の概念である。最後まで住み慣れた家で心満ち足りて暮らせるように、患者も家族も医師も、さらには行政も、関わる人がみな満足に死を迎えられるようにする。この考えは全国的にも大きな反響を呼び、現在、「満足死の会」には800人を超す会員が居る（詳しくは、奥野修司『満足死』講談社現代新書　2007）。

実は、疋田と宮原は以前から学会などで面識があり、宮原が西土佐に着任後は、お互いの診療所が近いということもあり親しくしていた。この「満足死の会」の設立に関しても、宮原は深く関わっている。

疋田の話に感動した中平は、疋田が言う予防医学を実践してくれる医者を捜すことにした。そして白羽の矢を立てたのが、上郷で〝健康づくり、村づくり〟に取り組んでいる宮原だった。宮原は1975年に秋田県農村医学賞を、1980年には保健衛生の分野では最も権威があると言われる保健文化賞団体部門を受賞している。

『これ以上の適任者はいない』。

中平の3年越しの宮原詣でが始まる。

本物の医療を目指す新たなステージ

宮原は学生時代、自分の人生について漠然とした計画を立てていた。「30代は民間病院で、40代には公立病院で働いて、50代には大学で教え、そして60代からは好きなことをする」というものだ。

人が大きな転換を迎える時にはいろいろな要素が重なり合って、まるでそうなるのが必然だったかのようにその方向へと押し出されることが多い。宮原の場合もそうだ。

中平に対して、最初は誰かを紹介するつもりでいた。なのに1年半を過ぎた頃から、中平の情熱と人を説き伏せる力強さに惹かれ、「宮原先生がやりたいことを心おきなくやれるように、村を挙げて全面的に支援いたします」という彼の言葉に、賭けてみたくなってきた。

上郷での経験そして成果を、行政の支援を受けることでどこまで活かし発展させることができるか。忘れかけていたチャレンジ精神がまた熱くなっていくのを、宮原は感じ始めた。そして同時に、宮原の周りで起こり始めていたもろもろの事情が、彼の背中を押したのである。

西土佐村に行くに当たって、ここでも宮原はいくつかの条件を付けた。宮原が考える「本物の医療」を行うために、それを可能にする施設と設備、充実したスタッフを備えること、そして「予防は治療に勝る」という考え方をしっかり理解してもらうことだった。特に医療と保健、福祉を整合的かつ効果的に行うためには、診療所だけでなくさらにもう一つ、活動の拠点になる保健センターを併設する必要性を力説した。

宮原の言う本物の医療とは、「健康障害や病気の根源はすべて生活のひずみにある」という視点から、そのひずみを正すために、健康づくりから病気の予防、治療、リハビリテーション、そして社会福祉まで、〝人を診る〟だけでなく〝地域を見る〟ことで総合的に行うというものである。もちろん上郷でも本物の医療を目指し、大きな成果も得ていた。しかし、それはまだ宮原にとって万全なものではなかった。さらに活動を進化させることができる。そのためには上郷の活動が健康センターを中核としていたように、西土佐にも保健センターが必要不可欠なものだった。

診療所の新築だけを予定していた中平には、保健センターという新たな施設は考えてもいなかった。もちろん予防活動や組織づくりの必要性は感じていた。しかしそのための施設は想定外だ。とはいえ、上郷で宮原が展開してきた健康センターを中心にした活動の全容を見聞きして、拠点としてのセンターの重要性を理解することができた。中平は診療所に保健センターを併設することを了承し、その上で「健康最優先の政策づくり」を約束する。そして宮原は、快く西土佐への赴任を決めたのである。

その後の1年は、診療所や保健センターの設計プランを初めとして、これから行う健康づくり・村づくり運動について、具体的な話を進めていった。

期せずして始まった公立病院で働くというシナリオ。宮原の〝40代プラン〟のスタートである。

１９８４年夏。ゆったりと流れる四万十の川面のきらめきが宮原達を迎えた。急峻な山々を背後にした大きな川に、中学2年の真紀、小学6年の真、4年の友紀は目を見張った。妻の美樹は、上郷に着任した日の心細さを懐かしく思い出し、動じることがない今の自分を誇らしくも、また少し寂しくも感じていた。家族にもまた新しい生活が始まるのだ。

上郷方式をベースにした西土佐方式の模索

宮原が最初に着任したのは、西土佐村の４つの診療所の1つで、医師の常駐がなかった国保大宮診療所である。江川崎診療所は四万十川の支流の1つに沿ってすでに工事が進められていたが、大宮診療所は、そこからさらに20キロメートルほど離れた所だった。

上郷では、突然若い医者がやって来たというので、その噂で持ち切りになったものだ。しかし、西土佐では着任前から、「地域医療の専門家であり、秋田で地域づくりの素晴らしい実践を持つ宮原伸二医師が、85年4月完成予定の診療所と保健センターで、村民の健康づくりに携わることになった」と広く報じられていたので、そんな騒ぎも起こらなかった。

ところが、宮原が実際に各集落を回り始めるようになると、42歳で脂の乗り切った現役医師の姿に、「どいてこんなところに来たが。なんぞ悪いことでもした奴じゃないが」と、かえって白い目を向けられたとか。

「麻薬か婦女暴行でもやった奴じゃないかって言われたりしてね。参りましたよ」と、宮原は当時を思い出して苦笑する。しかしそれも高知新聞が取材に訪れ、地域医療における宮原の考え方などを詳しく掲載してくれたおかげで、すぐに消えた。

診療開始は、着任の翌日から。しかし患者は思っていた以上に少なかった。もともと新聞に「コウノトリが飛んでこない村」と書かれるくらいで、子どもの数は極めて少ない。その上、すでに宇和島の病院で診察してもらっている人はそのままそこに通っているし、用心深い年寄り達は様子見という感じだ。

そこで宮原は、診療所と保健センターが完成するまでの7カ月間、巡回教室を開くことにした。地区で行う集団検診とは別に、夜間、30ある集落を一つ一つ、それぞれ数回ずつ巡って集落の様子を観察し、住民から話を聞こうとしたのである。

もちろん農村の常で、すぐに本音は出てこない。それでも14年の上郷暮らしで、農民の気持ちはずっと分かるようになったし、持ち前の人懐っこさに年齢的な落ち着きも備わっている。すぐに「信頼できる先生」として各部落の人達に受け入れてもらえるようになった。宮原はこれから始める健康づくりについても少しずつ説明し、運動の担い手になってくれる保健推進委員を、それぞれの地区から出してくれるように頼んだ。巡回教室で実際に顔を合わせることで、診療所への患者の数も日増しに増えていった。

ただ、米作りが中心の上郷と違い、西土佐は耕地面積も驚くほど狭く、作目も米、椎茸、ナバナ、ナス、イチゴ、栗など20種以上にも及び、ほとんどが零細農家で経済的にも豊かとは言えない。農繁期になれば3、4種の収穫が重なったり、野菜によっては半年も収穫期があるものもあって、パック詰めの作業が深夜まで続くことも珍しくない。きつい労働に、多量の農薬使用。健康を犠牲にして成り立っている産業なのである。潜在疾病も多そうだ。宮原の前には、思っていた以上の厳しい現実が横たわっていた。

新しい診療所とそれに併設する保健センターの工事はすでに始まっていた。建築費は総額2億6、500万円。それまでに村が蓄えていたものに、不足分は融資を受けた。村長が建物の設計案から運営に至るまで全面的に任せてくれていたので、宮原はここで展開していく健康づくり運動の進め方について改めて構築し直し、診療所や保健センターに関しても、さまざまに思いを巡らした。

何としてもみんなが明るく元気に暮らせる村にしなくては。宮原は、少しずつ形を成していく建物を見ながら、気持ちを引き締めた。

竣工と同時にスタートする活動について、すでに決まっているスタッフや村の職員と、具体的な計画を詰めていった。足りない人員は募集したが、看護婦には5人の募集に対して20人もの応募があった。大阪に出ていたが、故郷で働きたいから戻って来たという若い女性も居た。

「男性は少し遠くても仕事に通うことができますが、女性はそうはいかない。でも村の中には、働きたいと思ってもそんな場はありませんよね。だから診療所や保健センターが、働く場を提供できればと思いました。第一、女性が村にいれば、男性はそれに付いて来ますからね。人口流出の歯止めにもなりますよ」。

後にオープンすることになる老人福祉施設でも、ホームヘルパーなどすべて、地元の女性を養成して雇用した。

総勢で20～30人ほどになっただろうか。役所で働く保健関係の職員を入れると、宮原が来てから50人ほどの新たな雇用が促進されたことになる。そのほとんどが女性であることを思うと、通常の企業誘致よりはるかに大きな効果があったのではないだろうか。

宮原の頭の中には、これまで理想としては描きながらもなかなか実践できなかったことが、次から次に浮かんできた。

自分達で村を守った沢内村の健康管理

行政主導で健康づくりを行っている所は、全国にはいくつもある。その中で最初に挙げられるのが、60年代から活動を始めた岩手県の沢内村ではないだろうか。

沢内村は、盛岡市の西南に位置する奥羽山脈の山裾にある山村で、周囲を標高1千メートル級の山々が囲む盆地にある。人口は1965年当時6千人足らず。沢内村の中に国有林があるのではなく、国有林の中に沢内村があると言われるくらい耕地が少なく、1千戸弱の大部分が、村を南北に還流する北上川の支流、和賀《わが》川の流域にいくつかの集落をつくって暮らしている。こう書くと、どこかに似ていないだろうか。そう、1つを除くと、西土佐村にそっくりだ。

その〝1つ〟が、「雪」である。沢内村の冬期の積雪は特別豪雪地帯に指定されるほどで、村は11月の半ばから4

月の末までの5カ月強、2、3メートルの積雪に閉ざされる。その間、できることはと言えば、出稼ぎに出るか炭焼きをするかくらいで、日本経済が高度成長時代に入った頃、その発展に取り残されたかのように貧困、多病、そして豪雪という三重苦を背負わされていた。

実際、沢内村は極めて貧しく、村の1割は生活保護世帯で、分配所得も岩手県で最下位であった。さらに雪の猛威の中での生活は、村人にそれに立ち向かう気力より、むしろ諦めの意識を醸成させた。1957（昭和32）年には乳児1、000人のうち69人が死亡してしまうという乳児死亡率日本一の、また高齢者の自殺が多い、暗く沈んだ村であった。

ところが、1961（昭和36）年には、国に先駆けて乳児医療費や老人医療費の無料化を行い、翌年の62年には、とうとう乳児死亡率がゼロという画期的な記録を達成した。そしてその記録は、その後も幾度となく果たされることになる。さらに、村人の健康づくりが住民一人一人に行きわたるような村政が運営され、ついには「自分達で健康を守る村」と評されるまでになったのである。

極貧の村に、どうしてこのような偉業を成すことができたのだろうか。それは村長、深沢晟雄《ふかざわまさお》の「生命尊重行政」によるものであった。57年に村長になった深沢は、政治は住民に公平に幸福を与えなくてはならないものであり、その基本は住民の健康を守ることという理念で、健康的な生活を政策課題の最優先に置いた。

58年冬、早速ブルドーザーを1台買って、隣町の湯本温泉から沢内村役場まで13キロメートルの道を除雪。1台が500万円。当時、一般会計予算が2000万円という時代だから大変な事業だ。そして60年には3台、61年には大型4台を購入し、28キロメートルの村の幹線道路を、病院のジープが毎日運行できるほどまでに雪から解放したのである。「ブルドーザー村長」という陰口はいつか村人達の間から消えていた。

しかし、除雪で雪問題が解決できても、収入を確保しなくては、多病、貧困が克服できない。そこで夏の間にもブルドーザーを駆使して開墾や土地の改良を行った。それは単に耕地面積を広めただけでなく、解決不能と思っていた問題も、協力して当たれば解決できるという、開発の気構えを村民の中に呼び起こしたのである。68年には水田面積が以前のほぼ倍になり、政府買渡量は10倍以上に増加した。村は少しずつ豊かになっていった。

深沢は、こう言っている。

「雪国として宿命的に諦めておった雪の問題が、我々の結束の力によって征服されつつあるのです。これによって貧乏と同時に〝保健〟に大きく障害となっていた問題は解決できた」

（菊池武雄『自分たちで生命を守った村』岩波新書　1968　83ページ）

この「保健」。実は、これこそが沢内村を救い、豊かで明るい村をつくり上げたものなのである。

多病、多死の裏には食生活や住居など、すぐに改善されなければならない難問が多数あった。そこで深沢は、着任後すぐに保健婦を2名採用し、2年後の34年には3名、40年には4名と増員して、村民の保健意識の高揚を図った。また村ぐるみで保健活動を実践するために、病院、保健婦、教師、農協、婦人会などの代表による保健委員会を結成し、教育委員会では各種社会教育団体を通じて、村全体の保健活動に関わるリーダー養成を始めた。さらに行政や保健婦とのパイプ役として村民の中から保健連絡員を選び、情報提供と保健活動の理解を深める役を担わせることにした。

活動は保健委員会が、村特有の保健問題、保健行政、それらの解決案、住民に対する浸透方策などを相談し、そこで十分に練られたものを保健連絡員によって、住民に浸透させていくという仕組みだ。この組織に、保健婦がとけ込み、全部の歯車が噛み合わされて、保健活動が進展していくのである。例えば、部落にはさまざまな集まりがあったが、そのような会合には保健連絡員と連絡を密にして、その都度保健婦が出席して保健教育活動を行った。中で最も力を入れたのが若妻学級だ。乳児を死亡させないため、栄養、衛生、病気などについてのさまざまな学習会が開かれ、時には彼女達を慰労するためのレクリエーションも盛り込まれた。

農業を後継する青年達も立ち上がった。県内や県外に視察に出かけ、地域の課題発見のための学習会、部落を明るくするための話し合いや農業簿記講習会、農業経営改善講座、それに機関誌の発行などを実践していった。そしてさらに、部落のさまざまな会や組織を統合して新生活推進協議会が誕生。生活改善を目指す胎動の中から、所得増加のさまざまな取り組みが必然的に生まれていった。保健婦中心の保健活動が、次第に村人自身が部落活動の中で盛り上げる保健活動に替わり、さらに、住民が主体性を発揮する村づくりへとつながったのである。

深沢村長は65年1月、村政2期目の終わりにがんで永眠。遺体を迎えるために、夜道は2千人の村民がかざす提灯で赤々と照らし出された。そして１９８３年、国は老人保健法を改正し、老人医療費の一部有料化に踏み切ったが、老人クラブ連合会が署名を集めた無料化存続の訴えに、沢内村議会は医療費無料の存続を全会一致で採択した。

「国がやらないのなら私がやる。国は必ず後から付いてくる」と言った深沢の遺志は、確固たるものとして村民達に引き継がれたのである。

沢内村の人々は、その後も深沢の生命尊厳の精神を守り、さらに自然保護と産業開発との調和など、新たな課題にも挑戦していった。

宮原は、学生時代から幾度となく沢内村を訪れている。2週間ほど滞在して検診に携わることもあれば、週末を利用して活動を推進する村民達を訪ねることもあった。

「3年生の頃から出入りしてましたけど、春休みに行くとまだ雪が3メートルも残ってて、医者が雪上車で往診して農家の2階から出入りしてたのには驚きました。それと完全に孤立する独居老人のためにと、病院の2階の病室を空けて、住居としてすごく安い料金で提供してるんですね。越冬隊なんて呼んでましたけど、何て人道的なやり方なんだろうって感心しました」。

生命の危機に瀕したほどの村だったからこそ、深沢村政という強力な行政の下、住民が一体となれたのかもしれない。しかし、住民達が自ら運動を進めていったことは紛れもない事実である。それがどういうものであったのか、どうしてそれを為し得たのか。

『農村で保健活動を実践するためのポイントが、そこにある』。

宮原は、その秘密を探ろうとしたのである。若い医学生に、どれほどのものがつかめたのかは計り知れないが、しかし、行政と住民が協力して実践している、その有り様はしっかりと目に焼き付いたのではないだろうか。そして、病院の待合室の明るい高齢者達の姿に、農村医療の一つの理想を見たに違いない。それは、まさしく宮原が目指すものにほかならなかった。

住民主体の原則は上郷で生かされ、住民と行政の連携は西土佐で生かされることになるのである。

診療所プラス保健センターの相乗効果

１９８５年3月、西土佐村国保江川崎診療所が、４月には西土佐村保健センターが予定通りに竣工した。診療所はプライマリーケアの役割を担うだけでなく、ターミナルケアや在宅医療・福祉まで、とにかく村民のためになることならすべてに対応できるようにと造られている。さらにそれらの施設が充分に機能するように、運営面でもさまざまなアイデアが織り込まれていた。

いちばんの特徴は、診療所と保健センターが併設されていることである。建物だけでなくそこで働くスタッフも、診療所と保健センターとを兼務していて、スタッフ全員、保健センターの事務室で一緒に机を並べている。健康づくりには医療と保健の連携が不可欠であり、その活動を最も効率的に行うためには、診療所と保健センターを併設し、両方のスタッフを融合させることだ。これは上郷の経験から宮原が到達した、西土佐方式に欠かせないシステムであり、西土佐村の運動の土台として、健康づくりはすべてここから生まれていくことになる。

保健センターは、住民主体の健康づくり運動の拠点として、大小の会議室、料理教室のための調理室、コンサートなども開けるような２００人収容の研修室、それにトレーニング用のエアロバイクやランニングマシーンなどの機器も備えている。開設と同時に、15日には『保健センター新聞』が創刊され、保健学級も開始。その後も子ども

診療所・保健センター全景

の成人病検診、栄養学級、寝たきり検診、糖尿病教室など、次々に活動が始動していった。保健センターの大動脈に村民という血流が流れ始める。

2階建ての診療所には、広々とした待ち合い所、ゆったりとした診察室、そして20チャンネルのオートアナライザー（自動化学分析装置）や、胃や大腸のファイバースコープ、腹部エコー、心電図、眼底撮影機その他など、充実した検査設備や検査機器が備えられている。ベッドも診療所としては最大の19床あり、遠い宇和島で入院するのを嫌がる人にも、「近くの診療所なら窓からは見慣れた景色が見られるし、見舞客も気軽に来てくれるけん」と喜ばれた。

診療所としては珍しくリハビリ施設にも重点を置く。88年の診療所の建て増しに際して、特殊浴槽や約150平方メートルのリハビリルーム、それに1、000平方メートルのリハビリ庭園を増設した。庭園には石段や砂利道、坂道などが芝生や樹々の間に配置され、また車椅子の練習用に白線の引かれた道もあって、散歩をしながらリハビリができるようになっている。これは退院後にも入院時と同様のリハビリが家の周りでできるようにするためのもので、入院期間中、理学療法士がそばについて、方法はもちろん、その効果などについても詳しく説明した。草花の手入れは、患者のほとんどが農業就業者なこともあって、「何だか草が伸びて来たよね」という宮原の一言がきっかけで、草むしりなど、むしろみんなで楽しみながら行った。もちろんこれも心身共にリハビリ効果大である。

職員についても、村長は約束通りに充実させてくれた。診療所は医師2人（1985〜1993年までは宮原1人）、看護師12人、そのほかに臨床検査技師、臨床放射線技師、理学療法士がそれぞれ1人に、医療助手が4人と事務員6人の総勢27人。それに保健センターの方には保健婦4人と助産婦、栄養

リハビリ庭園の様子

士が1人ずつで、事務員も3人居るので、合わせて36人だ。上郷では2人の看護婦と3人でのスタートだったことを思うと、江川崎診療所は施設も、そしてスタッフ数も中規模病院に引けを取らない。宮原にとって、やはり新たなステージである。

新築の診療所には、一気に患者が急増する。

「村の診療所は村に住む住民の匂いがあります。病気になっても安心していられるように、人間を軽視せずに癒していけるような、良い医療を実践しなくてはいけませんよね」。

村民の顔が溢れるホールや廊下、病室。年寄り達はまるで〝健康座談会〟でもやっているかのようである。診療所は村一番のにぎやかな場所になった。

良い医療は医の心に根差す

宮原の話の中には「良い医療」という言葉がよく出てくる。良い医療とは、どのような医療を指すのだろうか。宮原の著書『美しく老い　美しく死ぬ』（文京書房　1994　19ページ）には、こうある。少し長いが引用してみよう。

医療は、医学という科学に支えられた、医療従事者と患者、住民との共同作業であり、住民の幸せを願う総合的な活動である。そしてその活動には「医の心」を失ってはならない。

「医の心」とは医者、医療関係者の患者への思いやりの心であるとともに、患者との「共感の心」であり、「信頼の心」でもある。

それは、患者を心ある人間として対応し、患者の訴えによく耳を傾け、患者の気持ち、意思を尊重し、正直によく説明する医療を実践するということにほかならない。この「医の心」があることによって、はじめて医療がほかの自然科学と異なるのである。

最近は医療が専門化し、機械化、技術化してしまい、科学面のみが強調され、医師中心主義、技術主義へと向かってしまって、人間不在の医療が進んでいる。

「医の心」などはどこかに吹き飛んでしまって、「科学面」のみが強調された医療が行われている。その最たるものが検査漬け、薬漬けであり、人間が人間でなく、物のように扱われる医療である。

願わくば、「医療」は病気を治すという狭い意味の医療を言うのではなく、健康づくりから、病気の予防、治療、リハビリテイション、そして、社会福祉まで包含した活動としてとらえたい。

しかも、うわべの病気だけに対応するのではなく、すべての健康障害や病気の根源にある生活そのものに目を注いだ活動を展開する総合的な活動でありたい。

これが宮原が目指す医療であり、医者になって以来ずっと歩んで来た道だ。

宮原には、こんな思い出がある。

研修医時代、ある病院の救急に中学生が担ぎ込まれて来た。担当医はすぐに彼の両足を切断。手術後、同僚医と「いやぁ、うまく切れたね。良い手術だった」と手放しで喜びながら話す姿に、宮原は何か吹っ切れないものを感じた。あの子はこれから下肢のない状態で一生を送らなければいけないのに、それに関して何の責任も感じなくていいのだろうか。ほかに方法はなかったのかもしれない。しかし、男の子の将来については、やはり思いを馳せるべきであり、そこまでが医者の仕事ではないか、と思ったのだ。

たとえ名医と言われる医者が高度医療を駆使したものであっても、患者のその後の生活を思いやったものでなければ、それは良い医療とは言えない。高度先端医療の象徴としてゴッドハンドがメディアでもてはやされる昨今、確かに彼らが居たからこそ救われたという人は居るだろう。しかしあまりにもスポットを当てすぎる今の風潮には首をかしげたくなる。

「いくらゴッドハンドと言われる人でも、救える命は限られているでしょう。それに比べて健康づくりには、はるかに多くの命を、そして心を救う力があります」。

地域医療で丸ごと人間を診てきた宮原の自負が覗く。

高齢者にとっての良い医療

では、江川崎診療所の良い医療の実態はどんなものだったのだろうか。対象地区は、西土佐村の約半分だから人口で言うと約2千人、患者は1日平均90人ほどで、ほとんどが高齢者だ。もともと中平村長から診療所を託された時に、高齢者の医療・保健に力を入れてほしいと申し入れがなされていた。現実にもそうならざるを得なかったわけで、宮原は、ここに来て本格的に高齢者の医療と福祉に舵を切ることになる。

「お年寄りが亡くなるまでの時間を、最後まで人間らしく生きるためには、医療に何ができるか。私は、今ある生活を犠牲にしてまで、抱えている疾患をみんな治していく必要はないと思うようになったんです。もちろん肺炎や心臓病など、すぐ生命に直結するような病気は別ですよ。でも慢性病を治すことに躍起になることはないと思います」。

持病の1つや2つはあって当然の高齢者にとって、高齢者医療は、治すことが目的の一般医療とは異なるものだ。これは宮原の体験から紡ぎ出されてきたものである。

高齢者の医療については、1983年に発足した「老人の専門医療を考える会」(初代会長・天本宏、現・天本病院理事長)が、宮原と同じような考えを表している。事務局を担った東京都上川病院理事長、吉岡充は『ルポ　高齢者医療』(佐藤幹生　岩波新書　2009)の中で、「これまでの高齢者医療は、高齢者の生活ではなく病気を診てきたため、本質的な間違いを犯している。つまり年を取って病気になるのは当たり前のことで、その病気は悪くなることはあっても、多くは治らないものであり良くならないということの意味が分かっていなかった」としている。宮原のスタンスとまったく同じである。実際、高齢者医療の臨床については、今やっとその現実が問題視されてきたところである。

宮原の治療は、まずよく話を聞いて、できるだけ本人の自然回復力を促すような方法を取る。生活を正すことに重きを置くので、禁止事項を列挙するのではなく、「やりたいことをどこまでやれるか、どんなふうにやったらいいか」を総合的に判断して指導し、薬や注射は最小限の使用に止める。検査についても、診療所は中病院程度の検査力を持っているが、第一は検査漬けにならないよう、必要なものを絞り込み最小限の検査を心がける。例えば、末期の胃がんですでに転移もあり、これ以上検査をして詳しい病状が分かったとしても、ほかに有効な治療法はないというような場合には、詳しい検査を繰り返すよりは、本人や家族とじっくり話し合い、どんな終末を送りたいかを相談することにしている。残った日々を納得のいくように送ってもらうためである。

入院患者の大部分は脳卒中、肺炎、胃潰瘍、肝臓病、整形外科疾患などの高齢者で、19床のベッドの年間稼働率は90％強。多くは1カ月以内の短期入院だが、脳卒中やがんの末期などで半年以上の人も居る。ここでも、できるだけ薬や注射は減らして、不要な検査も一切なし。安静と食事、リハビリを中心とした治療を行っている。

もちろん、最良の方法を探すため、専門病院に精密検査を依頼することも多いし、より高度な医療で治療が可能な病気については、あるいは本人や家族の希望によっては、大病院での治療も積極的に勧めている。

要するに、在宅であろうと入院であろうと、現代医療の利点は十分に活用しながら、なおかつ検査や薬はできる限り少なくする。患者との信頼を第一に、治療の方針はいつでも患者や家族とよく相談して決める。そして、医の心を大切にして、患者がいつでも生きている喜びを感じることができるように、一人一人を支えていく。これが宮原の言う「良い医療」ということである。

宮原が診療を始めて数年後、病気になっても自分のやりたいことができる、最後まで自分の可能性を発揮できたと、生きる喜びを口にする患者が次々と現れ始めた。村民はもちろん、診療所のスタッフも、『こういうものが先生の言う良い医療なのか』と実感するようになった。以来、宮原に対する村民の信頼は急上昇することになる。

ただ「生きる喜び」とは言っても、言葉にすると分かったような気になるが、では実際にその患者にとってどんなことが生きる喜びなのかということとなると、実のところ当の患者にすら分かっていないことが多いものだ。そんな時、医療者側に患者の気持ちに沿える〝感性〟がなければ、「生きる喜び」を一緒に実現することなど、到底無理なことである。

宮原は、その感性こそが、医療や福祉に従事するものにとっていちばん大切な資質だと言う。そして、これについては後述するが、その資質を持たない医師の増加が、今まさに大きな問題になっている医療崩壊の原因の一つでもあると断言する。

医療費減少と国保負担の軽減

もともと西土佐村の医療費は高知県の平均よりもかなり少なかったが、それでも年々増加の一途をたどっていた。

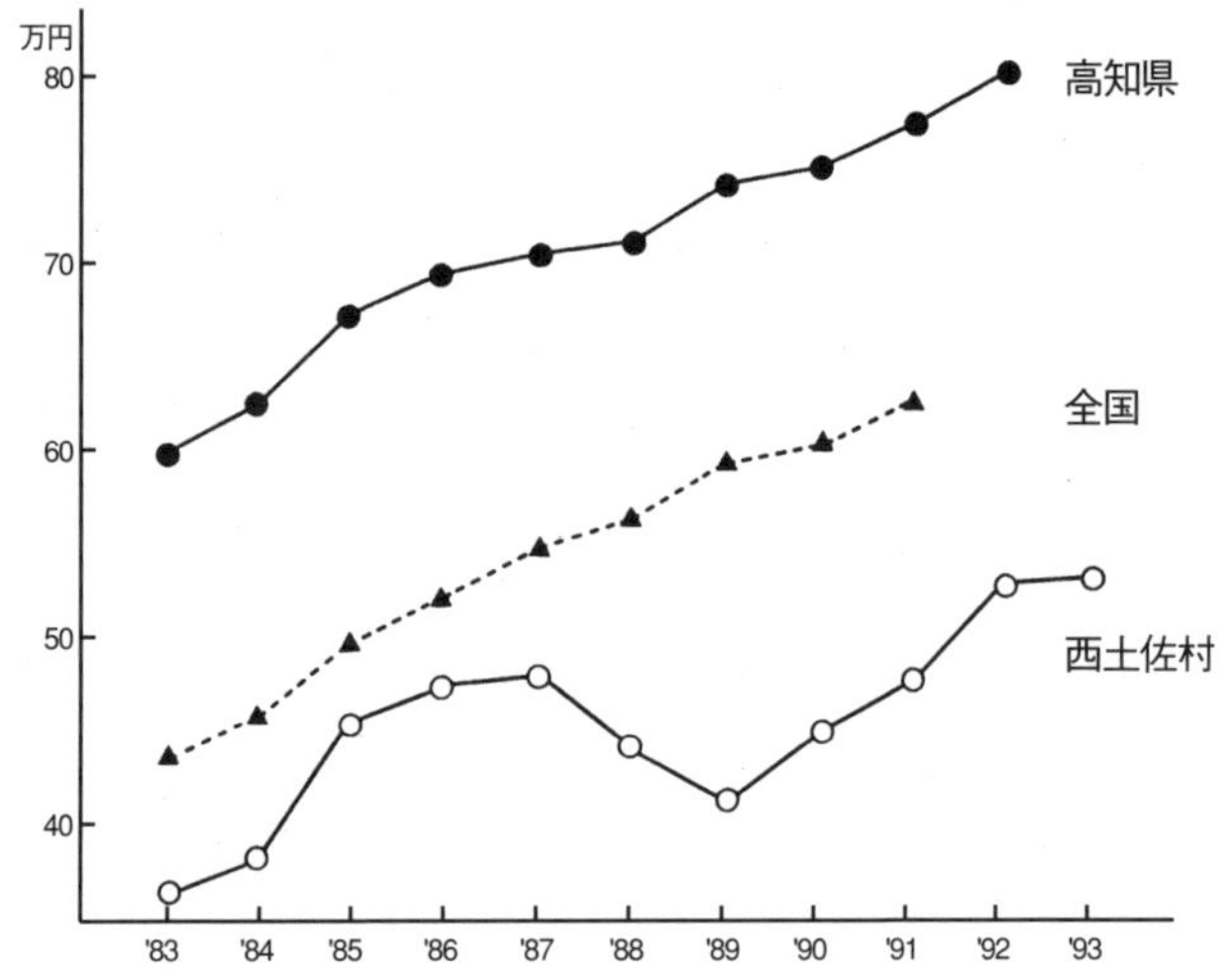

図3-1　1人当たり国保老人医療費の推移の比較

しかし宮原の言う良い医療を実践すると、検査も薬も少なくなるので、当然、医療費は必然的に減額していくことになる。実際、宮原が赴任した3年後の87年から、医療費は低下し始めた。

特に老人医療費（国保）は、87年には1人当たり48万1、000円だったのが、89年には41万7、000円になっている。高知県平均と比べると32万8、000円の差、全国平均とも17万6、000円低い。この年の西土佐村の高齢者人口は894人なので、もし高知県なみであれば2億9、300万円以上、全国平均並でも1億5、700万円以上の医療費が抑えられたという計算になる。これはかなりの額である。

引き続き国保医療費の伸びは鈍化し、その結果、西土佐村は90年に国保税を引き下げることができた。ただこの時には独断で引き下げたために国からの補助金をカットされてしまった。そこで92年には厚生省と相談の上、再度国保税減税を行う。これは全国的に極めて異例のことだった。

当然のことながら、中平村長も村会議員達も大喜びだ。自分達のメガネに狂いはなかった。見事に医療費は低下、思惑通りに事が進んだのだ。中平は最初に宮原に会った時のことを思い出す。「医療費高騰を何としても抑えたい。村民を健康にすることでぜひ医療費を下げてほしい」と言った時、宮原は冷たく言い放ったのだ。

「医療費削減を目標にした健康づくりなんてできませんよ。健康づくりは村づくりなんです。健康で豊かな村を築いて、住民みんながより人間らしく生きられるようにする。そのためには保健や医療、福祉の活動だけでなく、産業、文化、そして教育との連携が不可欠です。医療費削減を第一に言ってたら、そんなことできっこありませんよ。医療費削減は結果として出てくるものであって、それを目標にはやれません」。

削減を念頭にしか医療のことを考えていなかった自分達に対して、宮原の視野ははるかに広い。中平は目を覚まされた思いだった。そして上郷で実践している〝宮原流健康づくり論〟を聞くに及んで、中平はこの医師に賭けてみようと思ったのだ。

とはいうものの、『これしかない』と中平が確信した〝宮原流健康づくり論〟ではあったが、保健センターの建設にしても、またその後実際にスタートした健康づくりの活動にしても、宮原の思いはエスカレートし、活動のスピードもどんどん増していく。それに対して当初の数年間、村議や役場の職員の中にはなかなか理解できない者も多く、事実、中平にしたところで、いささか不安を感じることもあった。特に予算面では反対意見が多く、議会で予算を通すのには、中平の強い決意と何が何でも説得するぞという気迫が欠かせなかった。

そんな中で医療費の伸びは翌年から鈍化し、3年目からは低下していくのだ。不信や不安が消えてムードは一変。

宮原への信頼度が増し、村全体で健康づくり運動をやっていこうという機運が芽生えてきた。いったん信じたら信じ切ることだ。中平も宮原との二人三脚のひもをいっそう強め、しっかりと新たな歩を進めていった。

在宅ケアの充実で寝たきり激減

西土佐村で85年から89年までの4年間、在宅で死亡した人の総数は81人だった。そのうちの59人について、江川崎診療所の看護婦達が各戸を訪問し、一人一人聞き取り調査をしている。

それによると寝たきりになってから死亡までの期間は、1カ月未満が16％、1年未満43％、5年以上が19％であった。当然、寝たきり期間が長いほど認知症は多くなり、全体では65％、90歳以上では85％に高度の認知症が見られた。褥瘡は軽いものがほとんどだが40％にあり、器具装置は23％、主に尿の留置カテーテルである。宮原によると「かなりレベルの低い状態で寝たきりになっていた」ことになる。

このような状況に対して、85年から在宅での「寝たきり高齢者対策」を開始する。まずは村内の寝たきり高齢者の現況を把握し、88年にはリハビリ施設の増設に伴って、当時なかなか採用の難しかった理学療法士を採用。リハビリを含めた訪問活動を積極的に展開した。

寝たきり高齢者が居れば、まず医師、保健婦、看護婦、臨床検査技師がチームを組んで寝たきりの状態を検診し、その後、ホームヘルパーや役場福祉係と連携を取りながら、一人一人について対策を検討。病状に合わせた訪問診察、訪問検診、そして訪問介護や訪問リハビリ、移動入浴車での入浴など、当人に必要な訪問活動を実施する。

病状が安定している人なら週に1回程度、病状に変化が出たり痛みが出ればもちろん訪問の回数は増えていく。終末期になれば毎日、さらに日に何回か訪問することになる。訪問時の状態については、そのつど報告書を作成して関係者で回覧し、理学療法士や事務員も加わった週1回の定例保健会議で活動方針を検討する。

こうして行われた寝たきり老人対策の成果は、はっきりと数字に表れ始めた。宮原がやって来た85年には、1日中ベッドで過ごし、排泄や食事も介助を必要とする完全な寝たきり高齢者は22人だったが、5年後の90年には6人になった。ベッドでの生活が主体でも、座位を保ち車椅子に移乗できる寝たきり高齢者も、31人から18人に減っている。これらはもちろん、訪問活動やデイサービスなどで寝かせきりにしないようにしたことが功を奏したものだ。しかし同時に、患者や家族それに地域の人々が、原因となる疾患を学習して対処したり、また早期発見するなど、寝たきりに対する予防の効果も見逃せない。

ただ、実際には対策の網目から漏れる「隠れ寝たきり」患者がいて、その対策も大きな課題になっていた。

隠れ寝たきり

Yさん（男性、48）も「隠れ寝たきり」の1人だ。

5年前に自動車事故で脊髄損傷したが、2年間の病院でのリバビリで、手にはいくらか力が入るようになり両腕はかろうじて前後に動くようになった。しかし、首から下はぴくりともしない状態で、その後、自宅に戻っての寝たきりが3年。命も生活も母親1人に委ねた暮らしで、股関節、膝関節、足関節は固まり、腰は棒のように一直線になってしまった。

ある日、講演会後の雑談でそんなYさんの存在を知った宮原は、すぐにYさん宅を訪問した。しかし、母親に「病院の専門の先生が治せんものを、村の医者に何ができるんじゃ。よけえなことはせんでください」と断られてしまう。しかし諦めずに何度も訪問し、保健婦も巡り始める。

「息子さんはまだ若かし、身体は動かなくてもほかは全部丈夫だと思うけん。お母さんもいつまでも看病できるわけではないけんね、何とか車椅子に乗れるようにせんといかん。私達に頑張らせてください」。

数カ月後、やっと母親が納得し、Yさんへの支援が始まった。少しずつ上半身を上げていく。丸太ん棒の期間が長かったので、Yさんは頭がふらふらすると言い、熱も出る。

「ほら、よけなことするけん熱が出て食欲もなくなった。もうなんもよけなことはせんとってください」。

こんなことが何回か続いて、それでも半年後には、ベッドの上でどうにか30度くらいまで上半身が曲がるようになった。

「ここまで来たら、後は入院して一気にやりましょう」。

不満そうなYさんと母親を宮原が説得し、入院させることにした。母親1人が生活を見ているので経済的にも余裕はない。個室を無料で用意して、まずは上半身と膝関節の屈曲訓練、それから電動車椅子に乗る練習や立位台を

リハビリも楽しくするのが肝心

用いた立位訓練を開始する。最初は目まいを訴えていたが、4、5日すると台に固定されながらも15分程度は立っていられるようになった。

2週間目には膝も30度くらいは曲がり、車椅子も60度近くまで起こせるようになる。そして3週目には、リハビリ庭園の車椅子練習場に、白い曲線の上を、何と自分でレバーを巧みに操作しながら移動するYさんの姿があった。

その頃、実家では役場の福祉係の世話で住宅の改修がスタート。1カ月後に退院したYさんは、玄関の昇降機で車椅子ごと家に上がり、段差のなくなった廊下を抜け、幅の広がった曲がり角を上手に曲がって、母親が慣れた手つきで動かす電動リフトでベッドに入ることができた。

それからは電動車椅子に乗ったYさんが日傘を差した母親と散歩をしたり、村のコンサートを楽しむ光景がよく見かけられるようになった。もちろん寝たきりで棒状になっていた頃の表情のない暗い顔つきは、もうどこを探しても見当たらなかった。

診療所を自宅化するターミナルケア

死に至る過程はさまざまであり、時には目を覆いたくなるような悲惨なものがある。80年代、90年代の西土佐村にも悲しい死はまだまだ見られた。

脳卒中で倒れ、入院してリハビリを続けていたが、家族の都合で在宅医療に切り換えた84歳のおばあちゃんが居た。しばらくは週1階の訪問診療でまずまずの経過だったが、ある日、訪問看護婦から「5日間排尿がなく、下腹部がパンパンに腫れている」という連絡があった。

宮原が行って携帯用エコーで見ると、膀胱に尿が充満し水腎症になっている。ここしばらく排便もなかったと言うので、すぐに導尿と浣腸をすると、1、600ccの尿と山のような便があった。便により尿道が圧迫されて、排尿障害になっていたのだろう。宮原は家族に入院治療を勧めたが、家族は「入院はさせない」の一点張り。数日後、おばあちゃんは死んだ。

妻が1人で介護している慢性関節リウマチの74歳のおじいさん。訪問看護、訪問リハビリ、訪問入浴などのサービスを受けていたが、長雨が続いた梅雨の最中、床を見た訪問看護婦が驚いた。じめじめしたシーツ一面にカビが生えているのだ。キノコみたいな物も見える。それでも夫婦は「家に居たい」と言い張る。それは本当にそうしたいのか、それともそれしか方法がないのか、宮原に二人を問い詰めることはできなかった。

在宅介護といっても、ただ家で寝かせているだけという人も少なくないのだ。在宅での死はこんなものだと昔から思ってきた村人にとっては、医者が来てくれるという現状は、その頃よりはるかに恵まれている。だから特に問題視しないのかもしれない。訪問活動を積極的に展開している西土佐村においても、現状はまだまだ納得のいくものではないと、宮原は口惜しがる。

『死が自然の摂理なら、〝望ましい死〟へのしっかりした対応が必要だ』。

宮原は、痛みへの緩和は極力行うが、基本的には延命治療は行わないという方針で、一人一人の患者を最期まで全力で支えるターミナルケアを目指すことにした。

終末期を望ましいものにするために、がんの末期や脳卒中の後遺症で症状が固定した人も含めて、可能であれば本人に、できなければ家族に、まず、ターミナルケアをどこで迎えたいか、病院か在宅か診療所かを〝本音〟で選択してもらう。病院であれば最適な病院を探し、在宅であれば先に述べた在宅ケアを行う。そして、診療所で終末期を迎えたいという住民には、個室を無料にして、24時間いつでも家族が来られるように面会時間も撤廃、食事を持参するのはもちろん、鍋釜を持ち込んでの煮炊きも火の始末さえすれば自由にし、ベッドの横には畳を敷いて家族とのだんらんや家族の寝泊まりもできるようにした。

佐賀町の疋田は自宅を病室にしたが、宮原は診療所の病室を自宅にしたのである。

その結果であろうか、西土佐村で死亡した人の死亡場所を、江川崎診療所ができる前後のそれぞれ5年間で比べてみると、病院死亡は34％から35％とほぼ同傾向だが、在宅死亡が59％から36％に減少したのに対し、診療所死亡は3％から26％と大幅増。在宅者の2割が診療所に移ったことになる。

「もちろんすべての患者やその家族が、十分に満足しているとは思っていませんよ。まだまだ反省しなくてはいけない悲しい例も、もっと考えなくてはいけない課題もたくさんあります。ただ、絶えずより良い方向を目指して努力し、患者、家族、そして医者や医療者など、関係者みんなが満足できる状態で死を迎えることができるようにしていきたいと思っています」。

特別養護老人ホーム

完治することのない患者。その限られた命を、残された時間を、患者本人はどう生きたいのか、そして家族はどんな思いでそばにいるのか。それらを想像することが、ターミナルケアにとっては最も大切なことだ。

宮原は、患者の命に、常に寄り添おうとしている。だからこそ、豊かなイマジネーションも湧いてくるのだ。そういう医者が、果たして全国にどのくらい居るだろうか。

良い福祉の実践の場

1991年6月にはデイサービスセンターが、そして、そのちょうど1年後には特別養護老人ホーム、グループホーム、そしてケアハウスができ、前者を社会福祉協議会、後者を福祉法人西土佐福祉会が経営することになった。

定員25人のデイサービスセンターでは、食事の提供、入浴、趣味活動などがバスの送迎付きで行われ、特殊浴槽では寝たきり状態の人達も入浴サービスを受けることができるようになった。ただし当初は、地域の老人クラブの自主活動を衰退させるものとして、あまり歓迎してはもらえなかったようだ。

特別養護老人ホームは定員50名、ショートステイ10名で、障害高齢者を収容するための施設ではなく、高齢者がより人間らしく生活できることを目指し、人員配置も基準を超えるものにした。認知症高齢者のためのグループホームは9床、在宅で生活できない健康な高齢者のためのケアハウスは19床。

「いずれ誰でも年を取って障害を持ち、長い短いはあっても寝たきりになって死んでいくんです。だからたとえ障害者になっても、質の高い生活を送って、日々を明るく、それぞれが生きたいように生きてほしい。そのためにはみんなで支え合って、お互いの人格を尊重し、障害を認め合うような、そんな村にしないといけないですよね」。

地域医療・福祉に対する宮原のこの思いは、デイホームや老人ホームなどの福祉施設と、診療所や保健センターを結ぶ1本の長い廊下に表れているように思う。医師、看護師、保健師、理学療法士、ホームヘルパー、そしてボランティアがチームを組んで、医療や生活、自立、そして社会参加を支援する。これは、障害者と健常者が、お互いに区別されることなく社会生活を共にするノーマライゼーションの実現にほかならない。

過疎化と高齢化の厳しい村の中で、新しい診療所と高齢者施設を造り、その取り組みの中で出会った素晴らしい死と寂しい死。それらが、宮原の中に「美しく老い、美しく死ぬ」という死生観を熟成させていったのだろう。

かつては医療・保健の実践成果が数値のみで語られてきたのに対して、宮原はこの死生観をよりどころとして、「人生の質、人生の輝き」を真正面からとらえようとしたのである。これは、宮原の挑戦と言っていい。

保健から医療、介護、福祉を含めたトータルなサービスのために、ハードもソフトも整った。後はこれらの施設やスタッフをどう活用し、住民をどう参加させて、みんなが充実した「生」を送れるようにするかだ。専門病院などの高次医療機関や介護ビジネスなどとの連携がうまくいき、そして地域でのボランティア活動がさらに活性化すれば、自己完結型のコミュニティーケアが具現化できる。宮原は、すでに7、8割は完成していると感じた。

これから、西土佐村の健康で豊かな村づくり運動の真価が問われるのだ。

西土佐方式健康づくり運動

上郷での健康づくり運動は、最初から確たる方針があって進めたものではなかった。農村の厳しい医療の現実に触れて、どうやったら自分の力でこれを変えることができるか。こうするためにはあれが必要、そのためにはこういうやり方が効果的だと、宮原自身が考え続け、仲間を周りに増やしながら積み上げていったものだ。根底にあったのはただ一つ、「今の状況を改善するためには、生活を変えなくてはだめだ」ということ。そのためには、健康に対する住民の意識を向上させることが、何より大切だ。上郷での13年余りは、そのためのシステムづくりだったと言っていい。

一方、西土佐では、その上郷方式が基本になっている。だから、活動はスタート当初から組織的に行うことが可能だった。しかも行政の強力なバックアップもあり、言い換えれば「行政主導」という武器をうまく使いながら、あくまでも住民主体の運動として、より効果的に、よりパワフルに展開していったのである。

運動の目的は、上郷とほぼ同じ。乳児からお年寄りまで、健康な人から寝たきりの人まで、一人一人の生き方を尊重しながら、それぞれの生活レベルやQOLを高めて、より人間らしく生きること。つまり単に長生きするためではなく、より充実した人生を送るため、「病気にならない」「病気になっても安心して住める」、健康で豊かな村にしようというものである。その目標を達成するには、上郷同様に、いやそれ以上に住民自身が主体となって積極的に中核的に動くことだ。

西土佐村が上郷と最も異なる点は運動の進め方にある。30ある集落ごとに保健推進委員会を置き、活動を完全に住民の自主裁量に任せたのだ。もっとも、保健推進委員会そのものは別段珍しいものではなく、全国の自治体にも見られる。しかしほとんどは行政指導で活動が行われ、委員は保健婦などが作成した健康づくり案を了承し、チラシを配って検診や学習会の人集めを手伝うくらい。これを称して〝住民参加〟と呼んでいるようだが、実際のところ、住民はお客さんみたいなものである。

しかし、西土佐村はそうではない。保健推進委員会が活動の最も基本的な核となり、毎年、自分達の集落の特性を生かした「健康づくり活動計画」を立て、それに従って自ら実践していくのである。これにより「健康は誰かにつくってもらうものではなく、自分達でつくるものだ」ということを、住民自身がしっかり認識できるようになる。そのために宮原は、保健センターの開設前から、1地区につき年3回、総計で90回、彼らの会合に出席し、健康づくりの大切さ、そしてそれを住民自身で行うことの意味と効果を説いたのである。

保健センターは、活動計画はもちろん、どんな計画づくりにもタッチせず、実行の段階で支援するようにしている。これも住民の自主性を大切にするための方針である。そしてこの「住民の自主活動――保健センターの支援」という体制そのものが、まさに西土佐方式と呼ぶにふさわしいものであり、実に良くできている。というか、宮原の上郷での14年の実績があればこそできたものであり、そのシステムには、『なるほど、こういうやり方だったら住民も動ける』と、ただただ感心するばかりだ。

では西土佐の活動のシステムがどんなものだったか。「美しく老いる」ことを目指して、幅広い活動を展開している西土佐村の活動を実際に見ていくことにしよう。

女性中心の地区保健活動

宮原にとって「美しく老いる」ことは、年なりに健康で、心豊かで、体力にあった仕事ができ、少しでもほかの人の役に立つことができる、そんな生き方である。一方、「美しく死ぬ」とは、当然、自然死ということが条件にはなるだろうが、最も大切なことは自分の終末期を自らが生ききるということである。その意味で、美しく死ぬことは、医療が医の心を大切にすればそれほど難しいことではないかもしれない。しかし、美しく老いるためには、個人の努力ももちろん必要だろうが、それ以上に保健・医療・福祉を中心とするしっかりした行政の支援が不可欠だ。そのためには、村で行われるすべての活動を健康の視点から見直して、健康最優先の政策が取られなくてはならない。それは、「日々を生きる」ための政策ではなく、「より人間らしく生きる」ための政策だ。

活動は大きく分けて2つ、基本的活動と地区活動がある。基本的活動は、検診や料理講習、リーダー養成のための学習など、〝行政の責務〟で行われるもので、保健センターが責任を持って実践している一方、地区活動は、この基本的活動を踏まえながら、住民達が地区の実状に合わせて独自に行っていくものである。

地区活動の中心になるのは地区保健推進委員会で、委員は住民から選ばれて、任期は2年。委員長1名と健康学級生1名を含み、集落の大きさによって3名から13名で構成される。委員長は地区活動の推進役として働きながら、保健推進委員協議会（委員長の会、年3回）に属し、保健センターの活動に参加したり、保健センターの活動や考え方に意見を述べ、住民とセンターとのパイプ役も担う。

健康学級生は、地区でのリーダー養成として保健センターが年に6回、丸1日かけて行う調理実習や健康についての講座を受けて、その内容を地区に持ち帰り、今度は自分が地区の住民に調理実習会や伝達講習会を行う。ちなみに伝達講習会は年100回程度行われるが、調理実習会ほどの人気はないようだ。

地区保健推進委員会の活動は、毎年、自分達の地区の年間保健福祉活動計画を立てるところから始まる。この計画づくりには、30の地区の婦人会や老人クラブ、農協婦人部も参加し、住民自身が協議して作り上げた計画書は村へ提出される。そして行政も関係機関も保健センターのスタッフも、その計画に沿って活動を支援するのである。

保健福祉活動計画の大きな柱となるのが、健康学習会だ。テーマや学習方法、講師については各地区が決め、健康センターはその講師を派遣するだけ。実施に関してはすべて地区が担当し、集落全体で年70～80回、各地区の集会場で住民が集まりやすい時間帯、ほとんどの場合夜間に行われる。保健婦が担当する「健康相談」は健康よもやま座談会のような集まりで、年150回ほど開かれるが、決まったテーマの話が終われば個人的な相談もできることになっている。時にはこちらの方が活況を呈することもある。

このほか、上郷で住民の意識を高めるのに効果があった調査活動にも力を入れている。宮原の言う「問題の掘り起こし」だ。自分達で実態調査をすれば、そこからはさまざまな問題が浮かび上がってくる。そして調査結果は、地域の集会で村の現状とからめて分析され、村の保健福祉政策として汲み上げられる。要するに、村の政策決定に住民が直接積極的に参加しているということであり、住民達の調査が村政の重要なプロセスになっているのである。女性の90％が肩こりや腰痛で悩んでいることが分かったのもこの調査で、その成果を踏まえて、村では第3日曜日を農休日に定めた。住民活動が村の政策に及んだ好例だろう。

地区常会での住民自身による調査発表

さて、このような地区活動に対して、村からは補助金が出されている。一律3万円プラス1軒につき400円で、金額的には大したものではないが、使途に規制がないのは嬉しいことだ。地区によっては各世帯から会費を徴収したり、地区予算から保健活動費として拠出するなど、上積みしている所も多く、保健活動は自分達が行うものだという意識の高まりがうかがえる。

楽しみこそが参加意欲

こう見てくると、地区で行われる活動が半端なものではないことがよく分かる。ある地区の保健事業計画を覗くと、健康学習会、伝達集会、調理講習会、健康相談、それに各種の検診など、多い時には月に4、5回、まったく行事がないという月はない。このほか、年間を通じて行うものとして体力づくりのためのゲートボールやスカッシュバレーボールなど、スポーツへの参加、また課題を探して行う調査もある。もし保健推進委員、ましてや委員長や保健委員になろうものなら、それらの準備や運営、それに委員長会や保健学級などの参加と、取られる時間も労力もかなりなものになる。これではなり手がなかったのではないだろうか。

しかしそれは杞憂に過ぎなかった。西土佐の商店街である宮地地区で雑貨店を営みながら保健推進委員を10年続けた竹内閑香《しずか》は、当時を振り返って言う。

「田舎のことですから自分から進んでなろうという人は居ませんけど、でも『やって』と言われてイヤな顔をしたり、断ったりする人は居ませんでした。私も最初の頃から保健委員や委員長なんかもやらしてもらって、楽しかったです」。

宮地部落は戸数が20軒ほど。そのうち10軒ほどが店を営む、住民数50～60人のかなり大きな部落である。竹内は現在84歳、委員会で活動していたのは60代の頃だ。学習会や相談会など、毎回20人程が参加しており、竹内が楽しかったと言うように、そこには勉強会という堅苦しい雰囲気はまったくなく、むしろよもやま話を挟みながら笑い

表3−1　津賀地区保健事業計画

項目＼月別	4	5	6	7	8	9	10	11	12	1	2	3
役員会	委員会				委員会			委員会			委員会	
健康学習会				肩こり・関節の痛み・PT 昼間　午後			更年期障害 PHN 夜間			村の特徴的病気 DT 夜間		
伝達 料理講習会 その他部落行事参加		料理実習		親子レクリエーション 夏まつり	分館 盆おどり		分館 運動会 夏まつり	料理実習 分館スカッシュバレー大会			料理実習	
健康相談	保健婦	保健婦	保健婦		保健婦	保健婦		保健婦	保健婦		保健婦	保健婦
各種検診			結核 肺がん	成人病	子宮 乳腺	胃						
体力づくり	年間を通して、ゲートボール、スカッシュバレーボール、ソフトボールを行う。											
調査活動	農繁期と農閑期の別に地区世帯の食事調査を行う。											

注：PTは理学療法、PHNは帯状疱疹などによる神経痛、DTはジフテリア・破傷風などの予防接種

声が絶えなかった。竹内は最初に宮原の話を聞いた時のことをよく覚えている。

「偉い先生の話だから、きっと聞いても分からないだろうなと思ってたんですけど、宮原先生の話には難しい言葉は全然出てこないんです。身体のためには肉より野菜を食べなさいって言われて、そのうち栄養の話になっても、普段使う言葉で話してくれましたから、本当によく分かりました。先生は日常生活の中でいちばん大切なのは食事で、食事が健康のすべてだと言われます。だから私達は食生活を見直すことから始めたんです」。

勉強会にはその日の内容を記した資料が必ず配られる。竹内はそれをすべて残し、忘れたら何度も読み返していたと言う。

年に数回、希望者を募って貸し切りバスで行く日帰りの視察旅行も、思い出がいっぱいだ。参加者は毎回ほぼ20〜30人。行き先は他県の福祉施設や保健施設、特産物を作って村づくりしている所など、さまざまで、身体に良いおいしい物を食べに行ったこともある。往復の車中はカラオケ大会さながらにマイクを回して宴会気分。おしゃべりにも花を咲かせた。忙しい日

	プログラム
前夜祭	開会式 記念講演「健康へのはばたき」 弦楽四重奏演奏会
健康まつり当日	手づくりパネルコンクール、酒のつまみ料理コンクール、手づくりおやつコンクール、地域に残る伝統料理展、健康パネル、立体展示、スナップ写真コンクール、ビデオ学習塾、カロリー摂取とエネルギー消費体験、健康標語表彰、グラウンドゴルフ、ターゲットバードゴルフ、ミニバイクタイムレース、追跡ハイキング、50歳以上のソフトボールマラソン、赤ヌタギネス大会

表3-2　健康まつりの内容

常のいい気晴らしだった。宮原流なのは、戻ってからのリポート提出だ。普段、文章などを書き慣れていない村民には気の張ることだったが、かえって充実感も覚えたし、第一、視察時の気分が違った。

健康センターの集まりは夜が多かったため、竹内はほとんど加わることができたし、店は日曜日が定休日だったので、健康づくり村民会議や健康会議などのイベントにもすべて参加。特に「健康まつり」は、自分達で地区活動のポスターやパネルを制作したり、地域に残る伝統料理を作ったりと、共同作業の楽しさを満喫した。関わったのは主に40～60代の女性達だが、絵が得意な人や力仕事に協力する男性なども加わって、準備は夜遅くまで続いた。

活動を通して、健康への関心はいやが上にも高まっていき、住民達は自然に日常生活、特に食生活に注意を払うようになる。高血圧や貧血、糖尿病にリウマチ、脳卒中に心筋梗塞、慢性病や成人病についてなど、その予防や対処法が日常の話題に上って来る。「血圧はどうだ?」というのは挨拶代わりだ。竹内もつい10カ月前に心筋梗塞を起こすまではまったく健康そのもので、畑仕事をしながら店番や帳簿付を続けてきた。

竹内だけではない。西土佐全体が確実に健康な村になっていったので

健康講座

白寿保健学級

健康学習

保健センター疾患別学習会

健康まつり

住民自主制作パネル展示

子ども健康まつり

住民自主調査

ある。そしてもちろん、村は明るくなった。

活動の中心、年４００回の〝学習〟

病気にならない社会を築くために、そして病気になっても安心できる社会を築くためには、「強い体質づくり」「正しい治療」「病気の早期発見」、そして「良い医療」と「良い福祉」を実践することである（53ページ図参照）。では、どうしたら強い体質がつくれるか、どうしたら病気を早期に発見できるか、どうしたら良い医療を受けられるか。この「どうしたら……」の部分を理解し、実践する力を身に付けるのが「健康学習」である。多い時には年間４００回以上。あまりの多さに、他所の町や村からは、「健康漬けの村」と揶揄されたりもしたが、この健康学習がすべての活動の要であり、学習の蓄積があって初めて、さまざまな成果が生まれていくのである。

実際、多くの病気や手遅れの病気は、無関心層から発症することが多い。だから、「一部の住民を10歩前進させるよりも、全住民のレベルをわずかでも上げることの方が大切だ」と宮原は力説する。それには学習による知識の蓄積が欠かせない。しかし、ほとんどの住民は仕事が終わって家に帰り、晩酌して食事をし、風呂に入ってテレビを見て、それから寝るのが常である。一見、健康的なこの生活には、健康学習に目覚めるような問題はないし、あったとしても見えないし気が付かない。

ところが、例えば住民自身で疾病調査をしてみると、自分達の周りには脳卒中で倒れた人や寝たきりの人、早期

	問題の掘り起こし		問題意識の向上		実際活動		総合的な活動
農夫症	・肩こりが多い	→	・肩こり、腰痛などの学習会	→	・ストレッチ体操 ・お灸 ・農夫症チェック	→	・農休日の実施 ・運動場づくり
生活習慣病	・地区に脳卒中での死亡が多い	→	・血圧、脳卒中の学習会	→	・食生活改善運動 ・減塩みそ工場 ・自己測定血圧計使用による血圧の自己管理	→	・住宅改善 ・労働改善 ・診療所づくり

図3-2　実際活動展開具体例

がんで入院中の人や胃潰瘍の人などが、それも結構居るというのが分かる。

『え、こんなにたくさんの病人がいるの？』

この驚きが問題を掘り起こし、次のステップ、〝学習〟へと発展させるのである。逆に言うと、この驚きがないと学習へはなかなか進展しないということだ。テーマは喫煙でも飲酒でも、何でもいい。

宮原は、「保健、医療、福祉、社会教育関係者が率先して地区に入り、住民が問題を掘り起こす手伝いをする。要は住民をうまくその気にさせることです」と言う。

重層的学習システムによる住民力のエンパワーメント

健康学習には、保健センターが行う（A）、保健センターと住民が協力して行う（B）、住民主催で保健センターが支援する（C）の３つがある。より多くの住民が選択できるように、それらは網の目のように構成されている。

（A）には、「健康学級」、健康や病気のことを積極的に学びたい人のための「いきいき学級」（年6～10回、年会費1、000円程度）、高血圧や心臓病、糖尿病や貧血などの「疾患別勉強会」（検診終了後に必要者に対して年数回）がある。

（B）には、健康学級のOBが実態調査を実践する「マスターコース」、60歳以上の健康づくりサークル「白寿健康学級」（年4回）、成人の健康クラブ「十四の会」（年4回、年会費2、000円）などがある。

（C）には、「地区学習会」「健康相談」「料理講習」「疾患別学習会」「検診報告会」などが含まれている。

さらに（A）～（C）を総合的に合わせたものとして、村の病気や生活問題を議題にした「健康会議」、地区で健康づくりについて考える「健康づくり村民会議」、外部から講師を呼んで年3、4回開かれる「健康講座」、それに心の健康づくりを目指す「保健文化講座」などがあり、どれも実行委員会方式で開催される。中でも健康会議や健康づくり村民会議で議題に上った問題は、例えば農休日の制定のように、直接村の政策に反映されることも多いので、住民の意識はいっそう高まる。

広報のツールとしては、編集委員の住民が住民のために作る住民の月刊紙、タブロイド版4ページの『保健センター新聞』、そして保健センターと農業改良普及所が共同で発行する手書きのライフスタイル改善紙『お台所じょうほう』がある。どちらも西土佐村の住民意識をまとめる重要なメディアだ。

宮原の妻・美樹は、西土佐でも新聞の編集を手伝ったり、さまざまな活動で縁の下の力持ちとして力を発揮したようだ。活動年表を見ていたら、「健康づくりシンボルマーク決定。原作者宮原美樹氏」というのがあった。

もう一つ、忘れてはいけないのが、2年に1度の「健康まつり」だ。上郷に比べると遊び色はグンと薄まり、住民の手作りによる見事な健康学習パネル、それに健康料理のパネルなどが展示され、祭りというよりは学習色の強

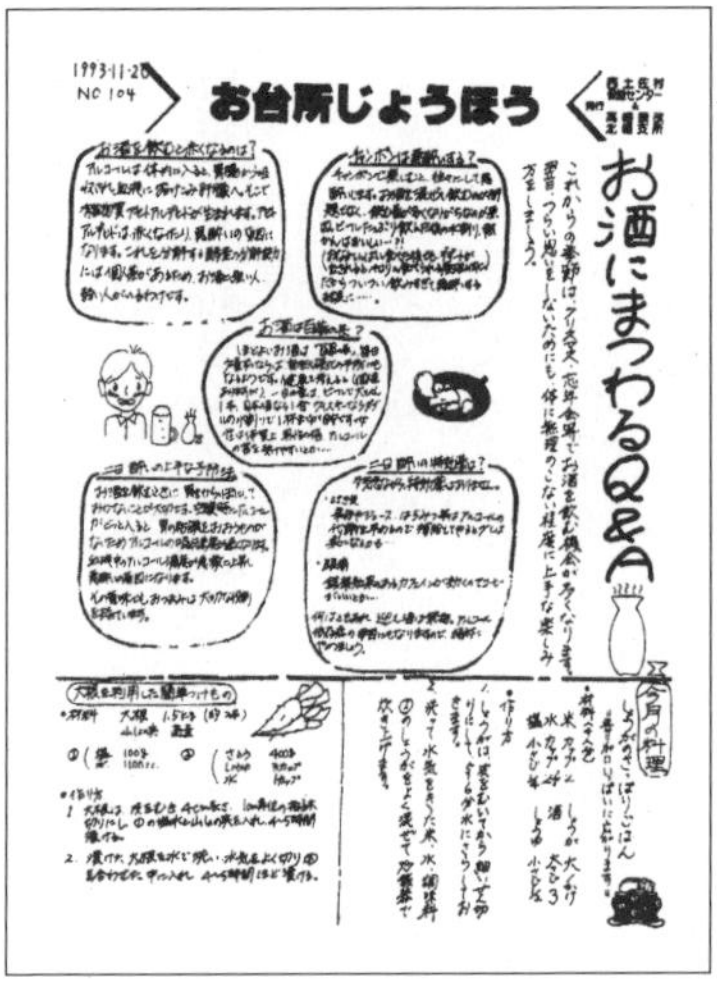

『お台所じょうほう』

『保健センター新聞』

いものになった。これらのパネルは診療所に展示された後、村内の小学校や中学校も巡回する。自分達で作ったものだから、愛着も増し、多くの住民達にも関心を持って見られたようだ。

そういえば、若月俊一の佐久病院でも早くから「病院祭り」が行われている。ここでも病気や保健について分かりやすく描いたものを住民に見てもらい、啓蒙活動に役立てようとした。ただ、展示物はすべて病院の医者や職員によって作られており、若月はその内容の、実に細かいところにまで気を配ったという。前夜遅くまで、気に入らなければ明け方までも、何度でも書き直させられたとか。

病院が患者や住民に情報を伝える、いわば上意下達の展示は、住民の創意工夫でなされる西土佐村とは、まったく趣を異にする。しかし、住民の意識を上げたいという意味では、若月も宮原も思いは同じであったろう。ただその成果ということになると、言うまでもなく西土佐村に軍配が上がる。「住民主体」が勝利の要因だ。

野菜作りと村づくり

強い体質をつくるには、正しい食生活を実践し、日常生活に運動を取り入れ、ストレスを軽減して心を健康にし、さらに環境問題へも取り組むことが必要だ。これらはすべて〝村づくり〟へとつながっていく。そして学習会のベースには「よい村づくりなくして健康づくりはなし」が常にあり、これを理解することで、自ずと住民は村づくりそのものに関心を寄せるようになるのである。

村づくりのいい成功例として「野菜作り」がある。

ある酒宴で30代の男性が宮原に、「先生、もっと金儲けることはないかな」と聞いてきた。ちょうどアンケートを基にして「生きがい」をテーマにした健康会議を開催したところで、そこでも高齢者の生きがいとして「お金を稼げる仕事をする」というのがあった。宮原は、思いつくままに答えた。

「減反で遊休地がたくさんあるんだから、野菜でも作ったらどう。米作りは無理だろうけど、野菜だったら年寄りにだってできるし、どうせだったら無農薬で作って村の特産品にして、それをみんな集めて産地直送とか直売とかで売ればいいじゃない」。

もともと西土佐村は農林業が主体の村だ。しかし可耕地が少ない多品目少生産で、労働はかなりきつく、ほとんどが零細農家だった。しかも独居高齢者は１００人以上、高齢者夫婦は１００所帯以上で、高齢者のみの家庭が全世帯の15％以上を占めている。年寄りにも稼げる仕事が待ち望まれていた。

そんな中、宮原のアイデア話はとんとん拍子で進んでいき、露地栽培でまずはシシトウを作ることになった。そして村の産業課が遊休農地を高齢者に開放し、採れた野菜は毎朝農協が集める。さらに価格の下落に対しては、農協と村とで1億円ずつを拠出して基金を設立し、最低価格を保証することが決定した。採れた野菜もたとえ1株1束でも買い取ることにしたので、作った村民に損は出ない。年寄り達は昔取った杵柄とばかり、競って畑仕事に励んだ。

そして5年後、野菜作りは何と7億円産業に育ったのである。西土佐村はこの活動で、農業の発展と振興に寄与した団体に贈られる「朝日農業賞」を受賞した。

「80過ぎた年寄りが夜中までかかってパック詰めするんですよ。でも翌日診療所で見たらぴんぴんしてる。物作りがあんなに高齢者を元気にするとは思いませんでした。秋田で14年やった経験から、村がリッチになって食生活が豊かになれば、病気が減って健康になるというのは分かってましたけど、実際、診療所に来る患者が本当に減りました。村を元気にするには生産性のあることをする。僕はこれも医療の一部だと思います」。

村づくりも医療の仕事、と至極当たり前のように話す宮原。医療は生活に密着したものでなければならないという思いは、言葉だけ、単なる考えだけではなく、宮原の血となり肉となって身体中に巡っている。だから、宮原には「常識的」ということがない。良かれと思えば、口に出し、そして行動するのだ。

施設検診とセルフチェックによる早期発見の徹底

早期発見は、検診とセルフチェックから生まれる。検診では一般に市町村が行っている循環器検診、胃検診、婦人検診、結核・肺がん検診などのほかに、村独自のものが多い。またできるだけ広く村民に利用してもらうには地域での集団検診が有効だが、精度という面からすると、例えば胃や肺の間接撮影による集団検診は、検診そのものに意味がないのではないかという疑問があり、検診の見落としの問題も大きい。

「検診結果をコンピューターで打ち込んで、結果も機械的に判定し、機械的に指導するというやり方は、〝健康〟と〝非健康〟という一元的な管理にすぎませんし、そこでは個人の生き方なんか、まったく無視されてますよね。これでは健康づくりの役には立ちません。より正確で密度の濃い検診は、やはり施設でやるしかありませんね」。

宮原の思惑どおり、村では学習を重ねることで早期発見の重要性が認識されるようになり、住民も検診で施設へ出向くのが当たり前だと思えるようになってきた。「健康は自分でつくるもの」という意識が、徐々に浸透してきたのだ。半日ドックの〝みどり検診〟、胃カメラ検診、目と耳の成人病検診、糖負荷試験、大腸がん検診、子どもの成人病検診などがこれに当たり、受診者は日増しに増加した。

みどり検診は、実際には3万円以上かかるものを、村の補助で個人負担3、000円で受けることができる。1万円かかる胃カメラ検診も、個人負担は1、000円だ。年間で150人程度の受診者があり、早期胃がんが高率で発見された。

子どもの少ない西土佐村では、だからこそ、かえって子どもを大事にする風潮がある。子どもの成人病検診は3歳から18歳までが対象で、4、000円の費用は全額村が負担した。子どもの成人病は低年齢化の傾向にあり大きな課題の一つだが、検診を受けることが、単に早期発見のためだけでなく、子どもの頃から自分の健康に関心を持たせ、結果を基に家族で健康問題を話し合うきっかけづくりにもなった。

セルフチェックは病気の早期発見に欠かせないだけでなく、セルフケアの発展につながる重要な活動だ。検査や検診結果の推移が分かるセルフチェック表を作成し、住民達に検診結果を継続的に見る力を付けさせるようにした。

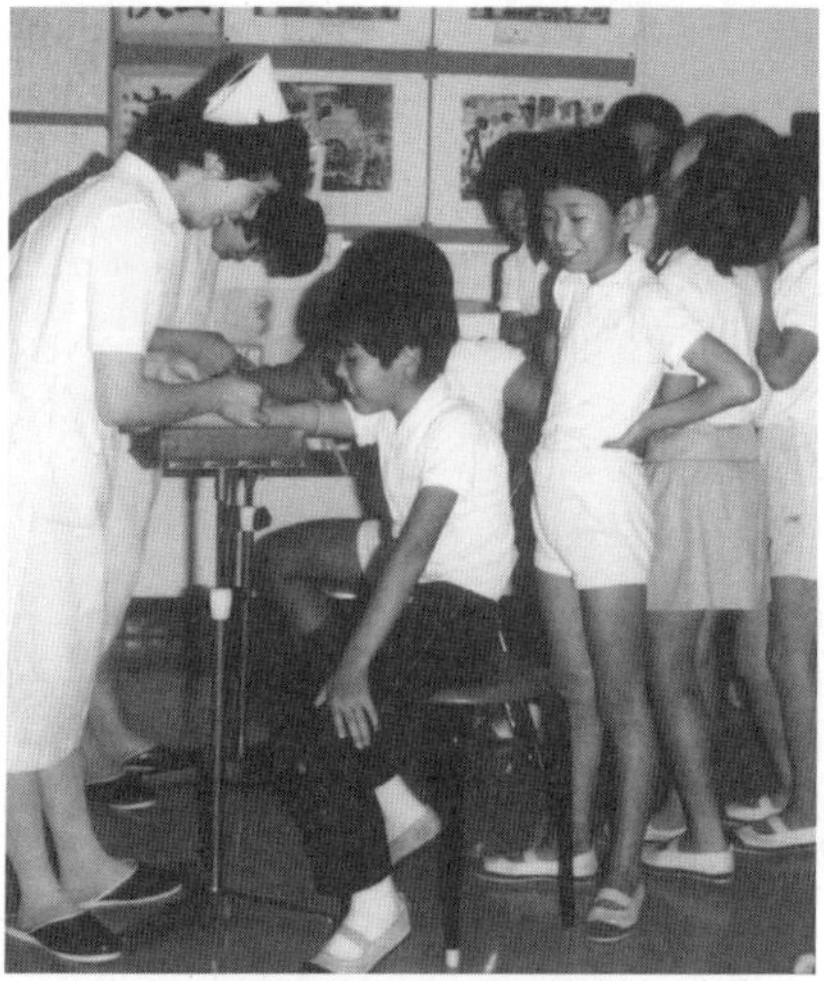
子どもの成人病検診

血圧の自己測定や乳がんの自己検診、便の色チェックなどは日常的に行われ、特に血圧は、〝白衣性高血圧〟というくらいで、医療機関では緊張のため血圧値が高めに出ることが多く、精神状態の安定している自宅の方が、かえって確かな血圧値が得られる。さらに日常生活についてのチェック表を配布して、食生活や疲労度などもチェックする。特に小中学生がいる家庭ならば、その子に健康チェックの役割を担ってもらう。それが子どもの健康や家族を大切にするという意識につながっていくのだ。

セルフチェックについて、宮原は言う。

「セルフチェックをすると確実に健康への関心、意識が高まります。それに加えて病気に対する学習もできてくると、発熱したり下痢したりしても、まぁ、これくらいなら大丈夫だろうってことで、往診、特に深夜の往診なんかが確実に減りますね。自分で自分の身体のことが分かるようになることは、健康づくりにとっては最も大切なことです」。

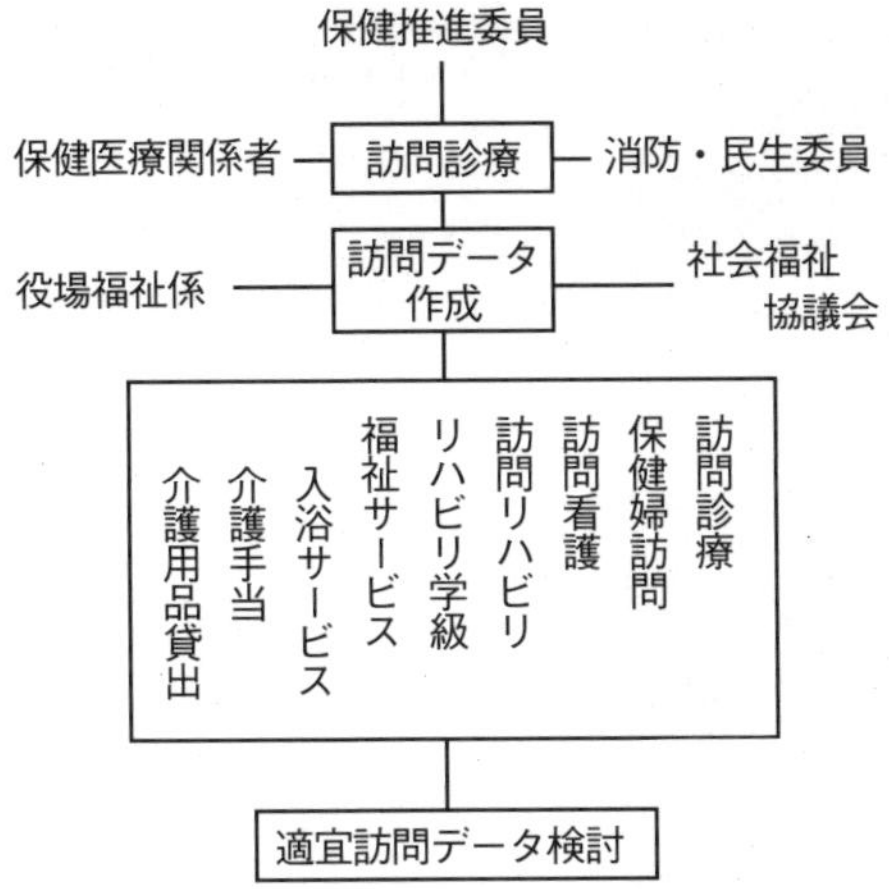

図3-3　寝たきり高齢者対策

正しい治療、そして良い医療と良い福祉

正しい治療には早期発見、早期治療、慢性病の正しい管理、寝たきり住民対策などがある。

早期発見・早期治療は、検査や学習で健康から病気へ向かう流れをつかみ、発病する前に生活を改善することにより、健康回復を目指すというものだ。ただそれも、例えばコレステロールが高いから脂肪を減らそうというような短絡的な対処ではなく、もっと根本的な、強い体質を築くための総合的なものでなければならない。そのためにはやはり学習、そして実践だ。慢性病の管理に関しては、特に成人病については病気というより加齢に伴う自然の摂理とい

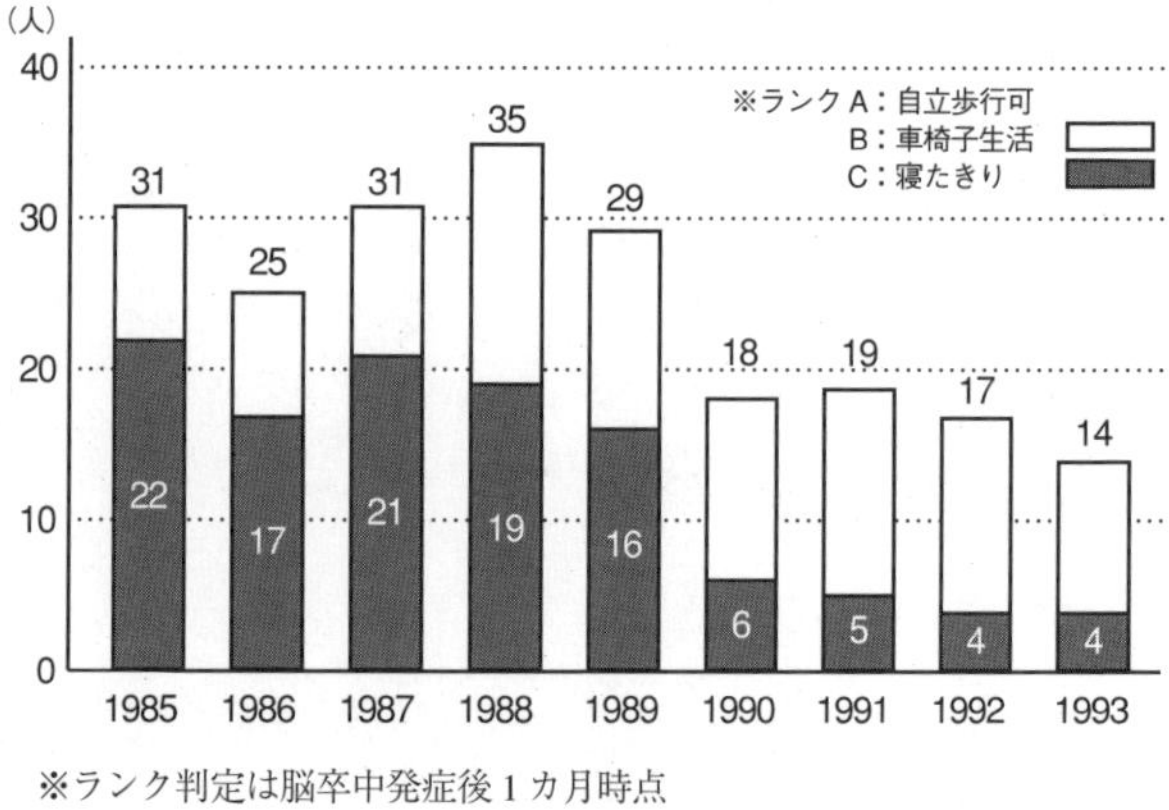

※ランク判定は脳卒中発症後1カ月時点

図3-4　寝たきり高齢者数推移

うことで、〝治癒〟というよりは〝共存〟していくものと考える。そうなるとまずは病気への理解が必要となり、そのためには〝学習会に参加する〟ということになる。

地域や保健センターで行われる疾患別の学習会、単発や継続的な学習会は、年間600〜700回が開かれ、のべ約2万人の村民が参加した。

在宅寝たきり高齢者対策は、「人間が死んでいく以上、寝たきりをなくすことはできない。しかし寝たきりにならなくて済む人を寝たきりにしてはいけない」という宮原の理念に従って、85年から実施された。例えば91年では18人の対象者に対して、訪問診察174回、訪問看護532回、訪問リハビリ67回、訪問指導89回、移動入浴81回が行われている。保健婦は訪問指導のほか、移動リハビリや訪問入浴にも同行した。

そうして、85年に22人だった寝たきり高齢者は、7年後の92年には4人にまで減少している。これは、訪問活動や早期のリハビリの展開で、ADL（日常生活動作）が著しく改善され、その後の状態も良好に保たれていることから来ている。さらにそれに加えて、脳卒中対策を重点とした検診や血圧の自己管理、学習会、料理講習、スポーツ振興、ストレス対策など、さまざまな活動の成果も相乗効果となり、脳卒中の大発作が減少したことにもよる。

〝良い福祉〟の基本は、ここにあると言ってよいだろう。

活動を促進するスタッフのチーム力

健康センター発足後3年目に、宮原によって村役場からセンター係長に引き抜かれた男がいる。中平貞行《なかひらさだゆき》（現・西土佐総合支所長）だ。中平はそれまで産業振興課に居て、シシトウ作りにも奮闘した。その様子を高台の診療所から覗いていた宮原は、忙しく動き回る中平に目を付けたのである。

中平は、当時を思い出す。

「着任早々、宮原先生に『できることから一歩ずつなんていうのは行政のやることじゃない。何が必要かを見極めて、やらなきゃいけないことからやるべきです』と言われました。そして職員が動かないと住民は動かないと、年中ハッパをかけられましたよ。以前は産業課でのんびりやっていたので、生活は一変しましたね。検診と学習会で年間700回、夜4カ所巡るなんてこともありました。帰宅は毎日10時過ぎ、休み返上も多くて。でもいちばん動いていたのは、宮原先生ご本人ですよ。上郷では〝新幹線〟と呼ばれていたそうですけど、西土佐では〝ロケット付きトラクター〟って言われてました。それはもうすごいスピードとパワーで、あの姿を見ると、みんな動かないわけにはいきませんでした。若い保健婦はよく泣きながら一緒に走ってましたよ」。

宮原の牽引力は、パワーもスピードもさらにアップしたようだ。

保健センターは若い新米保健婦の育成場として県からも頼りにされ、数年置きに1人ずつ送り込まれては研修を受けていた。とはいえ、当時、保健婦の仕事場としては質量共に最先端の所だったので、先輩のベテラン保健婦に付いて行くのは容易ではない。何をどうやっていいか分からないが、でも走って付いていかなくてはいけない。そこで涙が流れたというわけだ。何も宮原の指導が厳しいということではない。もちろんプロ意識は要求するが、宮原のモットーはあくまで「仕事は楽しく」である。

上郷では住民との連携を深めるために一緒に酒を飲むことが多かったが、西土佐では住民の組織づくりはほぼでき上がっているので、酒を飲みながら連携を深めるのはむしろ職員達と、ということになった。

「月に1、2回はスナックや居酒屋、それに保健センターの事務室で、また気候のいい時には庭にテントを張って、朝方までみんなでわいわい飲みました。春には〝自然を食う会〟ってことで、みんなで山菜を摘みに行き、それを栄養士が料理してくれて、天ぷら食べながらの宴会ですよ。仕事は忙しいんだけど、時間をつくってみんなで楽しむ。いろんな話が出てきてお互いのことがよく分かりますからね、チームワークが強まりました」。

またやりたい、と言う中平。さすが、高知。秋田に負けない酒豪県である。

保健センターでは、毎週水曜日に医療、保健、福祉の各職員が集まって打ち合わせをする。前週の報告・反省、次週の計画を話し合うのだが、担当の職責を明白にするとともに、情報の共有が主な目的だ。職員達はロケット付きトラクターに遅れないように、宮原と共に走った。

行政の本気、スタッフの情熱、住民のやる気で「医療と福祉の里」を実現

良い医療・良い福祉を実施するために宮原が考える必要条件は、

「まずは首長が本気になること、それから医療・福祉関係者の強い情熱としっかりした理念、そして最後に住民のやる気です。この3点があれば、人々の役に立つ、人々が安心して暮らせる〝本物の医療と福祉の里〟ができますよ」。

西土佐村の村長の取り組みは本気だ。議会の反発も抑え、役場はこぞって保健活動を優先した。スタッフの動きは、最初の数年こそ宮原にお尻を叩かれてのものだったが、質量共に充実し、その情熱や理念は宮原を唸らせるほどになった。そして、それとともに住民の意識も年々、驚くほど高くなっていった。

その結果、主要3検診（循環器検診、胃検診、婦人検診）の受診率は飛躍的に増加し、がんの発見、高血圧者の減少、脳卒中の大発作の減少、慢性病の自己管理の習慣化などの成果が見られた。それは、〝病気にならない社会〟が築かれつつあるということを意味した。また、村民の死亡については、江川崎診療所での死亡と自宅死がそれぞれ1／3となり、ターミナルケアの2／3は村内で行われるようになった。渡り廊下でつながれた施設で、医療と福祉が見事に連携した結果だろう。

ただ特別養護老人ホームでは、個人を大切にしてそれぞれのＱＯＬの向上を図るために積極的に対応しようとしても、診療所と施設の力だけではなかなか一気には進まない。ボランティアの育成など、まだまだ課題は多い。それでも〝病気になっても安心できる社会〟も、同様に築かれつつあるようだ。

実際、西土佐村は「医療と福祉の村」と呼ばれることが多くなってきた。健康づくりの活動は全国から注目されるようになり、特に行政からの視察を受けることが度々だ。宮原も、医療と福祉の整合の成功例として、各地から頻繁に講演を依頼される。そして宮原自身も演壇に登って村の現状を話すたび、西土佐の活動が強い基盤の下に築かれてきたことを実感する。もう、多少のことがあっても活動が崩れることはないだろう。

赴任して10年。宮原は、『そろそろ自分の役目は終わってもいいかもしれない』と考え始めるようになっていた。

西土佐村を去る時

請われて西土佐行きを決めた時、村長の中平と宮原には「10年契約」というのが、暗黙のうちにあった。その中平も数年前に村長を退き、今は元の助役が村長の座に就いている。村議会の顔ぶれもずいぶん変わって、行政の強力なバックアップで進んできた健康づくりも、少しずつ様変わりしていた。そんな中、村議会で問題にされ始めたのが、今度もまた診療所の赤字経営だった。年間３、０００万円が一般財源で補てんされているのだ。

しかし、と宮原は思う。着任当初は、患者がほとんど居なくて５００万円の赤字だった。今は毎日１００人を超す患者が利用していての3、000万円の赤字である。これは受診費の安さによるもので、診療所が検査漬けや薬漬けの医療を行っていないことの表れである。それにより、前述のように1人当たりの医療費は、高知県と比べると32万8、000円、全国平均と比すと17万6、000円も安くなっている。そしてその結果、国保税は下がっているのだ。村民が利益を被っているのは言うまでもないことである。単に一診療所の数字だけで結論づけられるのは、大いに心外だった。

それに赤字の大きな理由には、人件費の高騰もある。スタート時の採用に際して、宮原は年代を混ぜることを提案した。しかし村は20歳代の若手を中心に採ったので、年俸の総額は10年も経つと一気に2倍になってしまった。さらに医療職と専門技術職以外は、みんな役場からの出向職員なので、こちらの昇給もかなりな額になる。しかし、村議会や住民には、このような論法は通用しない。さらに矛先は宮原の年俸にまで及んだ。「不当な高給」という言葉には、もはや反論する気力も萎えてしまった。

ただ診療所の赤字に対して、村の行政は議会の反発はあるものの、「ある程度の村民サービスとして仕方のないこと」というようにとらえていた。だから中平は、「宮原先生の辞職は、赤字問題が直接の原因ではなく、当初からの10年という契約期間が過ぎたので、先生自身が新たな展開を求めたのではないか」と言う。実際に、宮原が村長に辞職の話を告げたのは、辞任の1年前、ちょうど着任から10年目のことだった。

ではいちばんの問題は何であったのだろう。それは宮原自身の健康問題であった。

西土佐に赴任して11年、上郷からすると24年弱。地域医療のトップランナーとしてずっと走り続けて来た宮原も、すでに51歳。身体は酷使され、至る所で悲鳴を上げていた。特に応えるのが深夜の往診だ。看護婦からの電話に

「先に看て、必要だと判断してから呼んでくれ」と言ってしまい、言った途端に、自分自身に嫌気を感じることが何度か重なった。『こんなんじゃ、もうだめだな』、宮原は思った。

しかし村民は、ずっとやってきたことは、ずっと続くのが当たり前だと考えてしまう。休養が必要だと感じた時に、ほかの診療所の医師に代診を頼んだり、学習会の代役を看護婦や理学療法士に頼んだりすると、それはもうサービスの低下であり、「先生はこの頃さぼっちゅう」ということになるのである。彼らに悪気があるわけではなく、親しいからこその言葉である。しかし、言われる宮原には応えた。

もちろん上郷でも体調を崩すことはあった。しかしまだ30代の働き盛りだ。気力で飛び越えることができた。でも今は、心身共に完全にオーバーワークだった。

『ハード面の整備はできたし、村民の力も付いた。やるべきことは一応やったし、そろそろ休憩してもいい頃だろう』。

しかし、宮原が西土佐村を離れたのは、本当に健康のせいだけだったのだろうか。確かに疲弊し健康に自信をなくしたせいもあるだろう。けれども、それが第一の理由とは思えない。もちろん単純に比較などできないが、佐賀町の疋田は、50歳を前に拳ノ川診療所に赴任し、30年以上、365日24時間体制で診療に当たり、宮原同様、啓蒙活動の学習会や各地での講演会もこなし、研究発表も活発に行っている。全国には50代はもちろん、60代、70代で地域医療に全力を傾けている医者は数多くいるはずだ。

宮原は、地域医療に関して、自分で納得するだけの一定の成果を出している。彼の中では、農村における地域医療は、1つのスタイルを完結したのだ。それは自他ともに認めるところで、だからこそ、『もう潮時だろう』とも思ったのだ。

宮原は、大学に新たな職を求めた。そして、岡山にある川崎医療福祉大学からの話を受けることにした。医療と福祉の整合性を目指してきた宮原には、〝医療福祉〟という名が心地よく響き、これからの夢を感じたのだと言う。そして、何より岡山というのがよかった。西土佐は海のすぐ向こうだ。この先も見守っていける。子ども達はすでにこの地を離れている。宮原は西土佐を後にすることを決意した。

宮原から辞職したい旨を聞いた村長は、もちろん慰留した。しかし1年先のことであり、次の仕事もすでに決まっているという。宮原の決心の固さは見て取れた。もちろんスタッフや住民もショックであった。けれども住民による引き止めのための署名活動などは行われなかった。

竹内は、「もちろんずっと居てほしいと思いました。でも、先生に直接頼む勇気はなかったですね。次の仕事も決まっているということでしたし、先生には先生の計画があるのだろうと、なんか諦めてしまった感じでした」と当時を振り返る。住民と宮原の関係は、上郷に比べると希薄だったかもしれない。宮原の右腕として働いてきた中平も、スタッフの気持ちを代弁する。

「先生にはすべてを教えてもらいました。後は先生の志を継いで、自分たちでそれを守っていかなくてはならないと思いました」。

95年3月。四万十川のゆったりとした流れは、宮原の心を穏やかに癒し、優しく送り出してくれた。妻と2人での〝50代プラン〟への新たな旅立ちである。

＊＊＊

その後、西土佐村の健康づくり運動は、予算の削減とともに活動の規模や量は縮小したが、２００５年の中村市との合併後も続けられている。宮原が築いたシステムはしっかりと村に根付き、住民自身の日常活動になっているのである。

とはいえ、活動が合併相手まで伝播することはなく、また30部落の中には60％を超す高齢化率で活動の担い手がなくなった所もあり、現在、地区活動を存続しているのは20部落だ。基本的な活動内容は変わっていないが、職員の削減もあって、毎月の健康学習会や健康相談会は年に数回になるなど、活動量も減っている。健康まつりも、行政や農協、商工会、学校関係など、すべての団体が関わって、年に1回、全村挙げて行われる産業祭の中で、「健康館」という1つのコーナーに縮小した。

現在、西土佐総合支所長を務める中平貞行は、

「活動は少なくなりましたし、世代交替もありますが、でも住民の病気や予防に対する知識、それに健康への意識は以前と変わらずちゃんと残っています。血圧の管理や適度な運動も個人の習慣として続いています。ですから、旧中村市の分と一緒になっていて数値的には出せませんが、今でも健康な地区として、医療費の上昇率はずっと低いままだと思います」。

ちなみに「保険者別1人当たり療養諸費（費用額）」は、高知県53市町村（２００３年度）で西土佐村は52位だった

が、3年後の四万十市は35市町村中の32位であった。

もちろん診療所や特別養護老人ホーム、デイサービスは施設も活動も存続し、高齢化率が西土佐全体で36%、集落によっては60%を超えた今、さらに高齢者福祉の中核として働き続け、新たなサービスも展開している。在宅高齢者への給食サービスもその一つだ。老人ホームの夕食を、運搬費の節約にと支所の職員が帰宅途中に届けている。

中平も、「毎日届けていますよ。つい話し込んで帰りが遅くなったりしますけど、楽しいです」と笑う。

その笑顔に宮原の声が重なる。

「ただ自分がそうしたかったから、そうするのが楽しかったからやってきただけなんです。小さな地域では、やったことにはすぐに結果が伴う。良い結果なら誰でもまた頑張ろうって思いますよ。それにその結果にみんなが喜んでくれて、しかもみんなの役に立つんであれば、こんなに嬉しいことはない。だから24年も続けてこられたんです。自己犠牲なんてまるでないですよ」。

宮原は、自らも美しく老い、美しく死ぬことを考えながら、西土佐村の実践と哲学を全国へ向けて発信し続けてきたのである。「より健康的に生きる」「より人間的に生きる」、そのための健康最優先の政策を市町村はとるべきだろう。

「人間尊厳の町づくり」を旗印に、宮原が20年以上前から主張してきたことは、今も色あせていない。それどころか、中山間地域の農山村から、地方都市、さらには大都市においてすら、ますます重要性を高め、輝きを増していると思う。

第4章　村づくり方式を街に——岡山にて

医療福祉の整合力を伝える講義活動

1995（平成7）年4月、窓の外にはオオシマザクラが、少し大きめの白い花を緑葉の中にほころばせている。机がびっしりと並んだ講義室では、200人近い生徒を前に宮原がにこやかに立っている。これまでも島根大学や高知大学など、いくつかの大学では非常勤で教えていたし、早稲田の学生達に特別講義をしたこともある。住民を前にした学習会なら3～4千回は下らないし、全国各地での講演は、今でも年間80回ほどこなしている。話すことにも、話す内容にも慣れている。なのに今、宮原はいつになく緊張している自分を感じていた。

大学での教職という新たなステップを踏み出したことへの感慨ももちろんある。しかしそれ以上に、地域の医療・福祉という現場で、ここまでやってきた者は居ないという自負と、だからこそ、そんな自分の経験をしっかり伝えていきたいという思い、ある種の責任みたいなものが宮原を満たしていたのである。

特に診療所と健康センター、それにデイサービスセンターや特別養護老人ホームが1本の廊下で結ばれていた西土佐村での活動から、宮原は医療と福祉が融合することの重要性と、その効果を強く認識していた。

一般に福祉系では、「医療福祉」はメディカル・ソーシャルワーカーの仕事ととらえることが多い。医療で解決できない社会面や生活面、経済面の領域を補うという考え方だ。しかし医療と福祉がお互いに理解し合い、共に活動することで、1プラス1が単なる2ではなく、3にも4にもなることができる。宮原は、そのような活動を医療福祉としてとらえている。

在宅療養者は、医療だけでも、また福祉だけでも支えられない。両者が連携することによって良いケア、より大きな支えになるのである。宮原が医者でありながら福祉に関わるのは、何より医療福祉を実践したいからにほかならない。そして事実、これまでずっとそんな現場を歩いて来たのだ。

「医療と福祉が整合することで、良い村や地域ができ、それが住民達の健康へとつながって、さらに良い死を迎えられるようになるんです。そのことを、１人でも多くの学生に理解してほしい。私が地域でやってきたそういう医療福祉を学ぶことで、患者や住民への思いやり、共感する心、信頼し合う気持ちをしっかりと感じ取り、これからの仕事に活かしてほしいと思います」。

宮原は学生達の顔を眺めながら、ゆっくりと話し始めた。自分を見つめる彼らのまなざしが、久しぶりに新鮮な気持ちを抱かせてくれた。

川崎医療福祉大学と旭川荘

川崎医療福祉大学は、１９７０（昭和45）年創始の川崎学園に属し、１９９１（平成３）年に開設された。日本で最初に「医療福祉」という名前を付けたこの大学は、医療福祉学部、医療技術学部、医療福祉マネジメントの３学部から成り、学生数は約３、６００名、大学院も３つの研究科に１５０名ほどが在籍している。

ちょうど岡山と倉敷の中間辺りに位置し、国道162号線を挟んで、同じく川崎学園に属する医科大学や附属病院、医療短期大学やリハビリテーション学院などが国道の南側、向かいの北側に医療福祉大学がある。医療福祉大学の入り口には2001年に高度救命救急センターに配置されたドクターヘリの離着場があり、白いヘリコプターが控えている。

川崎学園は、医師である故・川崎祐宣によって、臨床医、医療者、さらに医療と福祉の双方に通じた専門家を育成するということで、創設以来、次々に教育施設を開学している。創設者の川崎祐宣は鹿児島県の出身で、岡山大学医学部を卒業後、岡山市立市民病院の外科医長を経て、1939（昭和14）年に外科川崎病院を開く。「年中無休、昼夜診療」を看板に、親切で手術がうまい医者として、医療費が払えない人達や社会の無理解に苦しむ障害者達には、可能な限りの援助を惜しまなかったと言う。

往診を続ける中、治療や教育も受けず家に放置されている重症の心身障害児や、介護もされないままの高齢者達に接した川崎は、福祉サービスの必要性を痛感。『自分が何とかしなければ』という強い思いで、施設の建設を決意する。そして、岡山博愛会理事長の更井良夫、黒住教管長の黒住宗和、岡山県知事の三木行治らの協力、支援を得て、設立趣意書を公表。敷地は旭川の河川敷を払い下げてもらい、建設資金は川崎病院と一般からの寄付金を募り、2年の準備期間の後、1957（昭和32）年に、社会福祉法人「旭川荘」を創設する。そしてまずは肢体不自由児のための施設「旭川療育園」、知的障害児のための「旭川学園」、それに乳児施設の「旭川乳児園」の3つを発足させた。

1953年7月分の社会福祉統計月報によると、肢体不自由児施設は全国に10カ所しかなく、6万8千人ほど居るとされていた肢体不自由児のうち入所しているのは479名にすぎなかった。ほとんどが放りっぱなしということである。そんな中での川崎の活動は、快挙と報道され、62年には天皇皇后両陛下が視察されている。

それから50年、旭川荘は趣意書にあったように乳児から高齢者までの総合福祉体制を整え、今では施設数は70を超え、利用者はおよそ3千人、職員も約2千人に上っている。

宮原を川崎医療福祉大学に誘ったのは、医療福祉大学の初代学長であり、旭川荘の2代目理事長である江草安彦である。江草は川崎の弟子として、子ども達の施設における療養、生活、教育に取り組み、川崎と共に旭川荘の基礎を築いた医師である。施設の子ども達100人程を連れて、民泊しながら行った岡山―蒜山間の140キロメートル走行は、沿道の人々の励ましが子ども達に生きる喜びを体験させたものとして、今も語り継がれている。医療福祉大学は、「医療に根差した福祉」という川崎や江草の理念を実現させるための人材育成機関として設立された。

江草に声を掛けられた宮原はこの「医療福祉」という総合的視点に惹かれ、この名前の下で実際にどういう教育が為されているのか、大いに興味を覚えた。また、医大と医療短大、それにリハビリの専門学院まで揃っているのだから、当然、その連携プレーもシステムとして構築されているのではないだろうか。そうであれば、ぜひともその実態を見てみたいと思ったのである。ただ残念ながら現実は、宮原の期待が及ぶようなものではなく、医療福祉やチーム医療についても、彼をうならせるような取り組みは為されていなかったが。

一方、江草はと言えば、宮原の地域医療の実績を大いに評価していた。実際、当時、宮原の上郷や西土佐村での活動については、活動への住民自身の企画・参画で住民の力量を形成し、それを健康づくりや村づくりにつなげたという先進性と、それが医療費軽減の実績も引き出したという事実から、特に公衆衛生学の分野などでは、全国に名を馳せていた。

そこで、24年にわたり現場で培ってきたこれら生の教材を、単なる経験としてではなく、体系立った1つの領域として、これからの福祉を担う新しい人材育成のために、学生達にしっかり伝えてほしいと考えていたのである。

ただ、学内調整の問題から教授ではなく助教授での就任となったが、元来、宮原は肩書きなどに頓着しない性質《たち》である。まったく意に介するものではなかった。それよりも、「旭川荘でも働いてもらえないか」という江草の申し出が、むしろ喜ばしかった。これまで障害児、特に重度心身障害児については、ほとんど接したことがなかったので、240人居るという子ども達を間近なものにしてみたかった。これもまた、何でも見たがる、やりたがる、宮原の資質である。

現場に触れると急成長する学生

宮原が大学で教えたのは高齢者福祉の医療部分についてである。現場を知る教員が少ないせいか、宮原に対する学生の関心は高かった。15人のゼミ学生を選ぶのにも、60人余りが希望してきたくらいだ。

「リストには成績とか写真とか添付されていましたからね。それだったら優秀でかわいい子達にしようと選んでいたら、教務担当の教員から、各レベルから満遍なく選んでくれって言われてしまいましたよ」。

いたずらっぽく笑う宮原。少し早口で、しかし書き起こしたらそのまま文章になるくらい理路整然と話す宮原だが、時々とてもお茶目な部分が顔を出し、思わず噴き出してしまうことがある。男女交際の禁止されていた高校時代、仲のいい女子生徒と手をつないで校門をくぐっていたというから、いたずら心はきっと生来のものなのだろう。でもこれが人を惹き付ける彼の魅力でもあり、飾らない性格は学生達にもなかなかの人気だった。

20歳前後。自分のことを思い返しても、それは人生で最も好奇心の旺盛な時期だと宮原は思っていた。しかし、実際に授業を始めてみると、

「健康や病気についての基礎的な話、あるいは理科とか社会とか一般常識的な話をする時に、え、こんなことも知らないの？　これも聞いたことないの？　って感じで、本当に呆気に取られるくらいでした。正直、この先どうなるんだろうと思いましたよ。

でも現場で現実に起こっていることを話したり、少しずつ実習が入るようなると、学生達は俄然興味を抱いてやる気になって来るんですね。3、4年になると、こちらが驚くくらいほんとにガラッと変わってきて、ちゃんと卒論書けるのかなと思っていたのが、びっくりするくらい素晴らしい論文を書いてくれるまでに成長するんです」。

いったん関心を抱くと、驚くほどの伸びを示す学生が多かったとか。学力の差は能力の差ではなく、単に興味がなく勉強していなかっただけなのではないのか。宮原は、以前講義をしたある有名大学で、担当の教員が「どうもうちの学生は伸びシロがないような気がします」とぼやいていたのを思い出す。これも受験競争の弊害かもしれない。教育とはいかに受け手にやる気を起こさせるか。教え方次第、教師次第だと、改めて痛感したと言う。

実際、面白い話をすると学生は「ツルになる」。下を向いていた首がスッと伸びて来るのだ。ツルの群れは教員を楽しませてくれるし、授業にも活気が生まれる。宮原は教える喜びを感じるようになった。

そんな中、宮原にはどうしても気になることがあった。一つはカリキュラムの問題だ。医学一般の講義で、内科や外科などの教員達が、医学部の学生に教えるのと同じ内容の授業をやっているのである。基礎知識のない福祉系の学生にとって、専門用語の並ぶ講義はまるでチンプンカンプン、悲劇的ですらある。あの教師達には、学生達に自分の授業に関心を持ってもらおうという気があるのだろうか。大いに疑わしかった。

1998年に90歳で没した医者で、『育児の百科』などのベストセラーを初めとして多くの著書を残した松田道雄は、『お医者はわかってくれない』（『図書』岩波書店 1996・5 49ページ）の中で、自分自身が高齢者の年齢に達した時、「もうキュア（医者のやる治療）はたくさんだ、ケア（親しい心のこもった世話）だけにしてほしい」と言っているが、まさに問題はここなのだ。

医療福祉にはキュアのための医学ではなく、ケアに結びついた医学が重要であり、福祉の道に進もうとしている学生にとって必要なのは、病気の治療のための医学知識ではなく、生活を支えるための医学知識なのである。大学の指針の中にわざわざ医療福祉を謳っていながら、その実、そのあたりの視点が抜け落ちているというのは、どうしても腑に落ちなかった。

もう一つは学生へのモチベーションの持たせ方である。これから福祉職に就こうとしている学生には、現場の現実、仕事の大変さや責任を認識させるのは当然のことだ。しかし仕事が辛いものであればあるほど、それ以上に、その活動がどんなに魅力的で素晴らしいものであるかということを、しっかり伝えることも大切だ。

魅力を感じなければ、仕事への情熱など、抱けはしない。その点、昨今のメディアでは辛さばかりが強調されている。たまに楽しそうに一生懸命仕事をしている若い介護福祉士やヘルパーのドキュメンタリーなどがあると、かえって特別な感じがしてしまうほどだ。

介護職の意義、仕事としての素晴らしさを、もっと伝えるべきであろう。現場を知る教師が少なすぎるという現状は、その意味でも問題がある。宮原は、卒業生の半分が介護福祉士の現場の仕事に就かない、就いてもなかなか長続きしないという現実は、このあたりの教育方針にも原因があるのかもしれないと指摘する。

自由人としての人生哲学

宮原は、大学院では地域医療福祉を教えている。これまで日本にはなかった科目だ。例えば、『修士医療福祉運営論』では、地域や施設における介護保険の推進状況を把握し、実際に介護保険利用者のアセスメントを行って、高齢障害者支援のあり方を追求したり、認知症高齢者や寝たきり高齢者の自立支援と社会参加に焦点を当てて、支援のシステムや全体のマネジメントについて学ばせる。

どんな学部の卒業生でも入学可能ということで、院生の顔ぶれを見ると、学部の新卒生はほとんどなく、多くは現場で働く医療職や福祉職、行政職の人など、20代から40代まですこぶる多彩である。

現在、川崎医療福祉大学で准教授を務める塚原貴子は、修士課程と博士課程の5年間、修士では４人の仲間と、博士では２人の仲間と共に宮原の下で学んだ。もともと精神科の看護婦をしていて、２００６年に障害者自立支援法が実施される以前から、自閉症の人達に社会参加することでの自立を支援してきた。しかし大学院では、介護保険内のサービスに福祉が協力することでどういう支援ができ、それが地域づくりにどうつながっていくかということを研究した。修士論文のタイトルは「特別養護老人ホームにおけるターミナルケアの検討――全国特養のターミナルケアの実態と看護・介護の実態調査から――」、博士論文は「寝たきり高齢者の自立支援への医療福祉学的研究」であった。

「地域医療はまったく知らない世界だったんですが、とにかく自分なりのモデルをつくってごらんなさいと言われて、それはもう、苦労しました。でも宮原先生は、学生にやる気を起こさせるのがお上手なんです。とても学生を大事にするというか、尊重して指導してくださる。だからどんなに怒られても、プライドを傷つけられたことがありません。

もともと教育者としての資質をお持ちだったと思うんですが、地域の人達と接し、その人達に受け入れられることで、さらに〝待てる人〟になられたんじゃないでしょうか。人を育てることの本質を理解されていますよね。だからこそ、地域のどんな方達とも付き合えたし、多くの人を育てて、地域の力を引き出すことができたんだと思います」。

教育者としての宮原の優秀さを、自分が教える立場になっていっそう実感するという塚原。宮原を一言で称するならば、もちろん医師ではあるが、それ以上に社会教育者であると言う。宮原は否定するが、彼の中には著名な社会教育学者であった父の遺伝子が、やはりしっかりと伝わっているのである。父の考え方を医者の立場で実践した、あるいは実践するために医者になった、と言ってもおそらく過言ではあるまい。宮原自身も、学生時代までは父の仕事に対して無関心であったが、地域医療に携わって後に父の著書を読むようになり、自分の活動の基本が父の考えに重なることに驚いたと言っている。

塚原は、重ねて振り返る。

「先生に出会って、先生の哲学を知ったことは、とても幸せでした。それは人としての自由。人の自由を侵したくない、人から自由を侵されたくないということです。先生にありのままの自分でいいんだという自信を付けてもらって、こうあらねばならないと思い込んでいたことから、解放されることができました。今でも、いつでも何でも相談できる存在です」。

自由人。それは宮原のとても大きな特質だ。上郷にしても西土佐にしても、その活動のいちばんの特徴は、住民のエンパワーメントを高めたという点である。地域医療の多くの成功例にあって、宮原モデルが異彩を放つところだ。宮原の自由な思想が大きく寄与したものだろう。そしてそのシステムは、大学院の学生達によってしっかりと学ばれ、幾人かには実践されている。

川崎医療福祉大学での宮原の近影（撮影／著者）

後年、川崎医療福祉大学を去った後、宮原は関西国際大学の教授として地域老人福祉を担当しているが、２００1年10月から4年半、この当時の教え子達をスタッフとして伴っている。残念ながら福祉系の不人気から学部の縮小に伴い職を辞することになったが、彼らのその後についても再就職先を探した。教育者としての責任は、常に考えていた。

児童園で思い知る命の大切さ

宮原は大学での教職と同時に、旭川荘児童園の顧問医にも就任した。児童園は１９６７（昭和42）年に中国地方で最初の重度心身障害者施設として建てられ、２００７年に改築。95年当時には、まだ畳の大部屋に50人が布団を並べているという状況で、宮原を大層驚かせたものである。

ちなみに、後にー緒にＮＰＯ法人 総合ケア シーザルを設立することになる看護師の山下幸恵は、宮原より6、7年早くからこの児童園に勤め始めていた。彼女が最初にその大部屋を見学した時、物珍しさに自分の所に這いながら寄ってくるたくさんの子ども達の姿を前にして、山下は、『ここで働こう、ここしかない』と思ったと言う。

さて、初めての障害者施設は、宮原には戸惑うことばかりだった。彼には「人は誰でも年を取れば障害者になり、そして死んでいく」という持論があり、正面からきちんと向き合って本人が望むことをやれるようにさえすれば、どんな人でもその人らしく支えていくことができるという自信があった。だから、障害児達についても、おそらく高齢者同様、何とかやっていけるだろうと思っていた。しかし実際には、死へ向かう高齢者と生へと向かう子どもでは、支える重さがまるで違っていた。

宮原は、口も聞けない小さな子ども達にどう対応したらいいのか、途方に暮れた。重度の障害児を抱えた親達の屈託のない明るさにも、目を見張った。呼吸器を着けてやっと生きている子に勉強を教えにやって来る教師達にも、戸惑った。生きていることの意味を突き付けられたような気がしたのである。

また、5メートルのベルトに全員を裸にして並べ、ベルトをゆっくり動かしながら受け取った順にバスタブで入浴させ、またベルトに戻しては身体を拭いて服を着せる。まるでベルトコンベアに載せた品物みたいな扱いには、大いに憤った。しかし児童園と言っても平均年齢は35歳以上だ。職員の負担を考えたらこの方法しかないのかもしれない。暴れる子についても、暴力自体がその子の持ち味であり自己主張の手段の一つだということで、ぎりぎりまで薬を使わない。人間性を尊重するためだが、手足を荒げる子ども達を前にすると、自閉症児や暴れる子達を支えていく力など、自分にはまったくないと思い知らされた。

ただ宮原には何の反応も示さない子ども達が、家族を見ると大きな笑顔を浮かべる。

「生きていて、喜び合えることはすごいことなんですね。たとえ重い障害があろうと、死にそうになろうと、支えられる限りは支えていかなくてはいけないんだと思いました」。

有効な治療法もないままに呼吸器を着けて眠り続ける子。高齢者であれば〝いたずらな延命〟ということになるが、子どもの世界は命の変化が大きく、ある日突然、良い方向に向かうということもあり得る。子どもの脳死判定が難しいのもそのためだ。宮原はそれまで本人が望めば尊厳死もあり得ると思っていた。しかし、人間の命を単純化し過ぎていたようだ。生きていればかならず良い事があるという励まし方も、また必要なのだ。

宮原は改めて命の大切さを学び直した気がした。そして、自分にできること、またしなくてはいけないことは、プライマリーケア医として、患者の心と身体にしっかり向き合うことだと痛感した。

「宮原先生は何も知らんようやったけど、でも一生懸命やってたね」という保護者の言葉が嬉しかった。今も彼らとの交流は続いている。

ただ、やはり児童園は向いていないと思ってくれたのだろうか、江草理事長から、秋からは旭川荘が委託を受けている川上町の診療所長を、そして次年度からは、敬老園の嘱託医（最後の年は園長）をやるようにと言ってきた。

正直、宮原はホッとした。

老人ホームという組織

旭川荘敬老園は、1968年5月に岡山県下で2番目の特別養護老人ホームとして開園した。宮原が着任した時は、定員100名に対し看護婦が3名で訪問介護員が31人。西土佐村の特別養護老人ホームに比べると倍の大きさだ。

ホームでは、最低限のやるべきことは為されているようだった。しかし西土佐とは違い、例えば食事や入浴、排泄の世話など、すべてが効率優先で、分刻みで一斉に為されている。「尊厳」という言葉は掲げられてはいたが、個人の生活を尊重するという点では、現場のサービスに反映されているとは思えなかった。

そこで、宮原は介護員を増やして40人にし、少しずつでも個人的な対応ができるようにしていった。例えば、特殊浴槽ではリフトが使われていたが、抱いて洗うように指示した。利用者達には「気持ちがいい」と大好評だったが、気持ちよさそうに排便する者も居て、それはまたそれで大変だった。もちろん介護者の腰への負担も増した。

いちばんの変化は〝看取り〟だ。それまで症状が重くなった利用者は大学病院を初め一般病棟や療養病棟に送られており、敬老園で終末期を迎える者は、職員が気づかないうちに亡くなっていたという自然死以外ではほとんど居なかった。それを看護婦や介護福祉士と協力し合って、園で看取るようにしたのである。多い年は20人くらいで、園での全死亡者の8割に当たる。少ない年でも6割くらいはあった。ただ「仕事の負担が多くなって、辛い」と言う寮母達も居て、宮原も確かに大変だろうとは思った。しかし老人ホームとしては、最期まで利用者を看取るのは当たり前のことであり、当然の仕事だと諭した。

実のところ宮原は、岡山では大学で教えながら少しゆっくり休養しようと思っていた。しかし、現場に身を置くとやっぱりなんだかんだと走ってしまう。とはいえ、ここでは所詮大きな組織の歯車の一つにすぎない。思ったこと、やりたいことをすぐには実行に移せないことも多い。宮原は少しずつもどかしさを感じ始めた。

そんな中、2年後に高齢者や障害者の在宅支援サービスを行う「総合在宅支援センター」が建設されることになり、江草からその計画を任された。地域医療の実績を評価されてのことだが、旭川敬老園での活動も江草の目に留まったようだ。

在宅支援はそれまで旭川荘にはなかったものである。ケアプラン策定の在宅介護支援センター、訪問看護ステーション、在宅介護支援センター、デイサービスセンター（従来のデイサービスは数年前より稼働、認知症と健康高齢者向けの新たなデイサービスをスタート。定員35人）、さらに改築や新築の際の参考になるようにさまざまな機器を組み込んだバリアフリーのモデル住宅。西土佐での経験を活かして、建設プランや運営計画など、細かなところまで気を配りながら進めていく。

〝総合〟というのは、在宅サービスが介護から看護、家屋のことまですべてを含むという意味と、サービスの対象が高齢者だけでなく重症心身障害児にまで及ぶという意味合いがある。障害児という新たな項目も加わった総合プランニングに、宮原のエンジンが、またうなりを上げた。

外観のデザインは、江草がある著名な建築家に依頼したが、内部のしつらえには、宮原の意見が数多く取り入れられている。面白いのは、デイサービスセンター内に設けられたウオーキング用のプールだ。高齢者の胸くらいまでの深さで、渦巻き状の手すりにつかまりながら水中歩行できるようになっている。ただ、残念ながら利用については、職員不足もあってあまり活用されなかったようである。ちなみに、スタッフのオフィスは床から天井まで総ガラスで、明るくオープンでとてもおしゃれなイメージだ。しかし働き始めてみると、外から丸見えで西陽が強い。たまりかねて庇《ひさし》を付けてくれるように江草に要望したところ、「デザインを損なうからと、即、却下されましたよ」と苦笑い。

98年に川崎学園の創始者、川崎裕宣が死去したこともあり、総合在宅支援センターには〝川崎裕宣記念〟という名前が冠されることになる。

大学での講義、それに敬老園の診療所長と在宅支援センターの所長とを兼務しながら、宮原の毎日は忙しく過ぎていった。ただ、忙しいとは言っても、新幹線やトラクターと呼ばれた過去の動きに比べれば、肉体的にはまだ余裕があった。しかし精神的にはどうであろうか。村では、何と言っても「一人医者」で、言ってみればお山の大将。もちろん大将なりの悩みも多かったが、しかし組織内での悩みとは質が異なる。それまで大きな組織に属することなくやってきた宮原にとって、そのストレスはいかばかりであったろうか。

もちろん出世のコースなどはなから考えていない宮原に、周りで起こるごたごたは、単なる雑音くらいでしかなかったかもしれない。それでもやはり、かなりのストレスであったことは間違いない。

「二足のわらじ、それもまったく違うわらじですからね、絶対大変だったと思いますよ」。

そのどちらをもよく知る塚原は、それは宮原の健康を蝕むほどだったのではないかと推測する。

新しい出会いと新たな展開

4月、後にNPOを一緒に立ち上げることになる山下幸恵が、敬老園に主任看護婦として赴任して来た。医務室で後ろを向いて座っていた宮原は、山下の方へ向き直り、すっと立ち上がると、「宮原です。よろしくお願いします」と頭を下げた。

山下は驚いた。これまでずいぶんいろいろな医者と仕事をしてきたが、自分の方から立ち上がって自己紹介する先生は初めてである。宮原にとってはまったく当たり前のことだったが、山下にとっては衝撃的な出会いだった。

『この先生は、何か違う』。

山下は直感した。

翌日の回診から、山下の思いはますます強まることになる。宮原は聴診器をほとんど使わない。「今日はお加減いかがですか」と言いながら、患者一人一人の手を両手で包み込み、まっすぐに目を見つめては、発熱の具合やその日の調子を窺う。そして、日本酒を飲みたがっている人には「少しだけならいいでしょう」と許し、庭いじりの好きな人には花壇の作業を勧める。やってはいけないことではなく、やれることを考えるのだ。患者に寄り添い、患者の生活を大事にしようとする宮原の姿勢に、これまで見てきた医者にはない温かなぬくもりを感じて、山下は心を動かされた。

宮原はまた、かなり重度の介護や看護が必要な人の入居も受け入れていたので、容態が急変する入居者も居て、そんな時にも的確な指示や処置でいつも危機を乗り越えていた。その都度、宮原に対する山下の信頼度はいっそう高まっていくことになる。

ここで山下について少し書くと、もともと山下は重度心身障害児の世話がしたくて旭川荘にやって来た。すでに看護婦として7、8年のキャリアは積んでいたが、2年間の彼らとのふれあいで、人間についてこれまでは考えたこともなかったような多くのことを習得したと言う。

特に重度の奇形を持つ30歳を超えたKは、振り絞って出す声で、どんな気持ちでどんな風に自分が看護してほしいかを、事あるごとに教えてくれた。後に山下が「私の財産」と呼ぶ看護の基本は、Kを初めとした児童園の子ども達から学んだものだ。障害は彼ら一人一人の個性にすぎない。山下は彼らを重度の障害者ではなく、普通の人間として見ることができるようになった。

そのKが亡くなった時、Kと親しかったYが、「K君は死んでよかったな。僕より早くまともな人間に生まれ変わることができるから」と言った。

山下が、「まともな人間って、どんな人のこと?」と聞くと、Yは、「自分の足で歩ける人間のこと」と言った。山下は何も言えなかった。ただ、彼らに向き合う自身の姿勢が、まだまだ不確かで拙いことを痛いほど感じさせられた。

彼らの笑顔を見たい、喜ばせたい一心で働いた2年間。しかし施設の中で看護婦1人にできることは限られている。つい思いが熱くなりすぎて、仲間達から浮いた存在にもなりがちで、フラストレーションは募るばかりだ。そんな時、旭川荘内にある看護学校への異動を命じられる。

『ここでこのまま1人で頑張っていても、やれることは知れている。それより今あなたが抱いている思いを、100人の学生に伝えた方が、結果的にはかえって施設を変えられるかもしれない』。

先輩看護婦の言葉に、看護学校での教職を決めた。その後の7年間、大きな理念を胸に教壇に立つ。しかしそんな熱血教師の存在は、時として学校サイドには煙たく映る。再び人事異動で現場へ復帰。肢体不自由児施設と乳児院で2年ずつ、そこでまた患者のことだけを考えて、彼らの世話に没頭する日々を送る。そして宮原の居る敬老園へやって来た。

実際、山下の仕事ぶりには看護師という代名詞では収まりきれないところがある。敬老園でも着任早々の頃、こんなことがあった。すぐに針を外すからと、両手を縛って点滴されている患者が居た。話を聞くとずっと会計事務をやっていたらしい。そこで山下はその患者に電卓と計算表を渡す。すると彼は、右手でずっと電卓を叩き続け、難なく点滴ができた。

「患者さんの生活歴を聞いたら、拘束なんかしなくても工夫ができるはずなんです。難しいことなんかないです

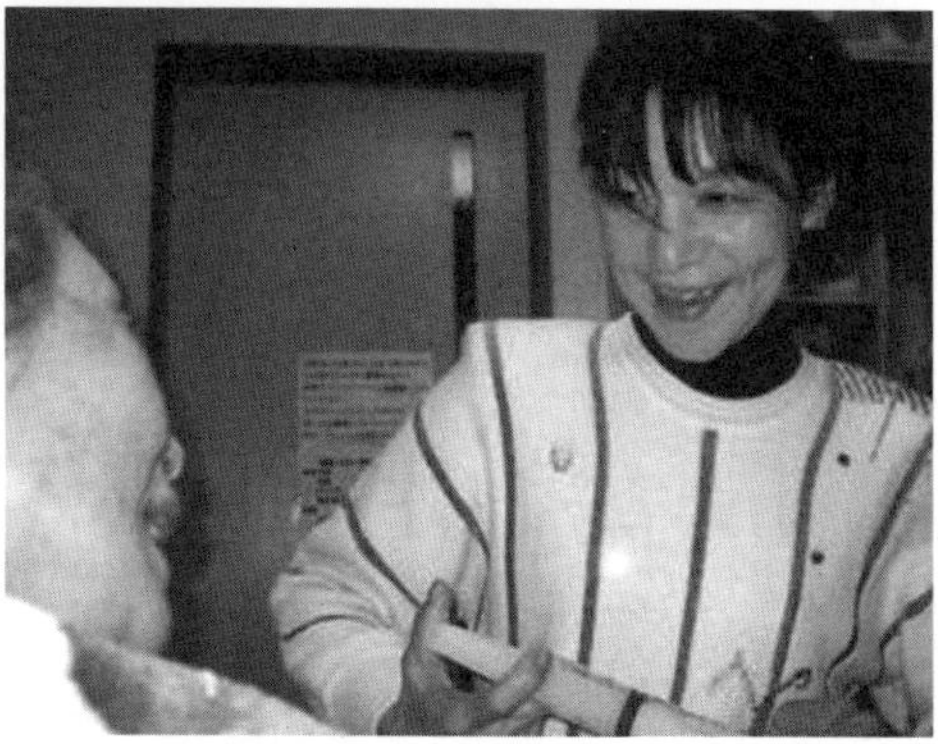

シーザルの訪問看護で明るく接する山下幸恵

よ。それなのに、何でみんな一緒に考えようとしてくれないのかなぁ」。

山下の訴えや行動に看護婦達は同調してくれるが、介護の職員にはうるさがられてしまう。看護と介護ではまだまだ縦割り意識が強く、そこには大きな溝がある。山下は事有るごとに宮原に疑問をぶつけてきた。両者の垣根を楽々と越える山下の資質を宮原は高く評価していたが、同時に、今の状態が続けばまた孤立してしまうと懸念した。山下の一途さは会議の席上でも同様で、特に個人の人権が無視される効率一辺倒の運営方針に対しては、いつでも容赦なく糾弾した。もちろん山下の言うことは正論なのだが、逃げ場を残さず相手を追い詰めてしまうやり方は、それだけで反発を買ってしまう。現実として、意見は受け入れられない場合がほとんどだった。宮原は何とか間に入ろうとするが、不穏な空気が流れてしまう。

『このまま放っておいたら、いつか潰されてしまうだろう』。

そんな時、山下が腰痛で休暇を取ることになった。いい機会だと思った宮原は、

「とことん理想を追い求めるんだったら、大きな組織の中でやっていくのは無理だよ。だったら、自分でやるしかないんじゃない。自分で何かやれないか、この機会にじっくり考えてみたら?」と、暗に独立を勧めたのである。休暇から戻った山下は、「訪問看護ステーションだったらやれそうだ」と答えた。そして2000年3月、山下は

旭川荘を退職。訪問看護ステーション開設へ向けて動き始めた。宮原は、そんな山下に対して全面的に支援することを約束する。「NPO法人総合ケアシーザル」の始動である。

NPO法人の立ち上げ、そして手術

訪問看護ステーションを始めるに当たって、宮原が山下にNPO法人の設立を勧めたのは、誰でも資金なしに設立できて、しかも社会的にも信用が得られると思ったからだ。さらに、介護保険の指定もNPOであればスムーズに受けることが可能だろう。ただ厳正な事務処理と情報開示の必要があり、手続きにも時間と手間がかかってしまうのが、難と言えば難である。そのため、申請処理の一切を司法書士などに委せてしまう所が多いのだが、「NPOを知るには自分で手続きをするのがいちばん」と、山下にはすべて自分でやることを提案した。

手続きには、2人以上の発起人と10人以上の正会員を集め、設立の趣意書や定款、事業計画書、収支予算書など、それに申請に必要な正式書類の作成が必要だ。山下は県庁や法務局、税務署へ何度も出向いて担当者に書き方を尋ね、四苦八苦しながらも何とか書類を揃えた。申請後の審査に2カ月強、それから登記となるので、結局、2001年4月1日のスタートまでに1年近くかかってしまった。

法人の名前については、たくさんの候補の中から、メキシコ産のテキーラ、サイザルを英語読みにした〝シーザル〟とした。シーザルは、100年に1度しか花が咲かないと言われているリュウゼツランの一種で、葉の繊維で編んだ強力なロープは、昔から家畜や舟をつなぐのにも用いられている。「利用者をしっかり支えて高齢の花を咲かせよう」という思いを込めたと言う。

申請と並行し、できることはやっていこうというので、宮原が『上手な利用法　介護保険』を執筆し、シーザルとして発行・出版。1冊300円でこれまでに5千冊ほど販売した。また10月初めにはケアマネジャーの養成講座を開催。毎年10月の第4日曜に行われるケアマネジャー資格試験の直前講座というので、十数人が受講し、8割以上を合格させることができた。これは評判が高く現在も続けている。地域の学習会も始めようと、場所を借りて開いてみたが、まだNPOの法人格もないうちで、なかなか人も集められず、これは2回行っただけで休止することにした。

支援を約束した宮原だったが、理念やプラン作りをアドバイスしているうちに、本の執筆・発行、講座の開催と、いつの間にか自分自身が率先して動いている。「手伝わないわけにはいきませんでしたからね」と宮原は言うが、新たな活動への関心が、宮原の中にも徐々に高まっていたのだ。

2月の終わり、認証を待つ間に、疲れが出たのか体の調子が悪いと言う山下を、宮原は半ば強引に病院に連れて行った。幸い山下は軽い貧血だった。しかし、懇意にしていた医者に「かえって君の方が顔色が悪いよ」と検査を勧められ、血管造影をしたところ、何と冠状動脈が3カ所も詰まっていることが分かった。

「こんなのでよく倒れないでいたもんだ。病院が近くにないような所に講演に行って、ひっくり返りでもしてたら、今頃はもうとっくにくたばってるよ」。

そう言われてすぐに入院。そして3月初旬、登記申請などでいちばん慌ただしい時期に、バイパスの手術をすることになったのである。こうなってしまったら仕方がない、後は医者に任せるしかないと、ちょうど始まった高校野球をのんびりテレビ観戦する毎日であった。

『考えたら、こんなに何もしないでボーッと横になっているなんて、いつ以来だろう。ひょっとしたら長野で過ごした高校2年の夏以来かもしれない』。

とはいうものの、登記書類のチェックをしたり、シーザルのスタッフの面接を病院の食堂で行ったりと、なかなかじっとしてはいられない宮原であった。

59歳。人生プランでは「60歳からは好きなことをする」としていた。旭川荘の現実は、宮原の理念とは相容れないものも多く、山下にも言ったように、大きな組織の歯車では理想は追えないことも分かっている。そして今、さらに、健康への不安も加わった。そろそろ次のステップを考えるか。そんな思いがふっと宮原の脳裏をよぎった。

病室の窓から桜の木が覗く。風で花びらが舞っている。散り際なんて考えたこともなかったのに、風に乗って窓から入って来た薄桃色の花びらが、妙に心に引っ掛かった。

厳しい現実と、秋山ちえ子からの助け

NPO法人「総合ケア シーザル」は、岡山県で43番目のNPOとして、2001年3月12日に認証を受ける。代

表者は宮原で、4月15日から訪問看護ステーションと居宅介護支援事業所（ケアプラン策定機関）の事業を開始する。

ケアプランの策定は、山下がケアマネジャーの資格を取っていたので何の問題もなかったが、訪問看護ステーションの方は保健師・看護師・准看護師を常勤換算で2・5人以上配置するということで、前述の宮原の病院内での面接で、山下の同僚や先輩の看護師から常勤2名、非常勤2名に入ってもらうことになった。事務所は岡山駅の南西部にある西市の、現在のシーザルから少し離れた備前西市駅の反対側に構えた。西市は昔からある田畑の間に新旧大小の住宅が並ぶ町で、人口約1万5千人程度、兼業農家もかなり残る新興住宅地である。「ちゃんとした事務所でないと、信用は得られませんからね」という宮原の考えで、月額9・5万円、4人にはやや広すぎるスペースに事務用品も立派な物が備えられた。

しかし、スタートはしたものの何の宣伝もしていない現状では、すぐに利用者が集まるわけがない。仕事がないので、事務所の掃除が終わるや残りの時間はみんなで勉強、ということになる。そして、近くで何か催しがあると聞くと、シーザルのロゴマークを印刷したTシャツを着て、イベントに参加する。仲良くなった町内会長が、草むしりの前に挨拶をさせてくれることもあった。介護保険は1年前にスタートしていたが、介護サービスについてはまだまだ認識度は低く、シーザルの活動について説明しても、「そんな仕事があるんだ」「初めて聞いた」という顔がほとんどだった。宮原も大学や旭川荘の仕事の合間に、山下を伴って周辺の病院や医師を挨拶回りで訪れた。

そんな努力にもかかわらず、8月までの利用者は依然としてゼロ。しかし、仕事はなくても経費はかかる。事務所の敷金、内装から事務用品までの開設費用、それに毎月の賃貸料に光熱費、通信費などの事務所の維持費、さらに人件費と、節約していたら半分くらいで済んだのかもしれないが、あっという間に1千万円以上が消えた。ほとんどは山下の退職金と貯金で賄っていたが、宮原も一部を援助した。「そのうち何とかなりますよ」と宮原はのんびり構えていたが、山下にしてみれば『いつまで持つだろうか』と気が気ではなかった。

そんな時、評論家の秋山ちえ子から１００万円の寄付があった。秋山はラジオのパーソナリティーとして１９５７（昭和32）年から『昼の話題、秋山ちえ子の談話室』を45年間毎日担当し、93歳の今もエッセイストとして活躍。戦争の悲惨さと憲法九条の大切さを訴えながら、福祉活動にも長く力を注ぎ、特に障害者の就労に関して多くの支援を行っている。宮原の父・誠一とは旧知の仲で、「伸ちゃん、伸ちゃん」と子ども時代からかわいがってくれた。宮原にとっては「困った時にはいつでも相談に乗ってサポートしてくれる大切なブレーン」だ。実際、上郷の健康祭には毎年参加してくれ、多くの講師も紹介してくれた。厳しい時期のこの寄付も、精神的に大きな励みになったことは言うまでもない。

1972年、第３回上郷健康祭で
後列右端・宮原医師、その左・秋山ちえ子氏
前列中央・矢代英太氏

秋風が吹き始めた頃、待ちに待った利用者第1号が現れる。挨拶回りをしていた病院から「大至急、行って」と紹介された独居高齢者で、気管切開のため喀痰の吸引が必要だった。山下が電話を切るとみんなで歓声を上げ、これから退院するという病院を直

ちに訪れた。

続いた第2号は草むしりの縁で、「他人になんか絶対に世話してもらいたくない」という老女である。とても気難しく「1人ではもう介護できない」という嫁の要望だった。山下の顔を見るなり「帰れ」と怒鳴りつける。「じゃ、話だけでもしましょう」と、それから受け入れてもらえるまでの間辛抱強く訪問した。そして2カ月後、「あんただったら来てもいい」という約束を取り付けた。

その後、どんな状況の人でも依頼があればすべて受け入れるようにしたので、口コミで評判が伝わり利用者が増加。そこで常勤換算で2・5人のヘルパーを募集して、10月1日からは介護ステーションも開始。年を越した頃には在宅看護の利用者が16、7名になっていた。看護サービスと同時契約ということもあって、介護ステーションも件数が増し、翌年3月の年度末には、ほんの少しではあったが黒字決算を迎えることができたのである。

さて宮原はと言うと、9月末で旭川荘を退職していた。川崎医療福祉大学は、前年4月に教授に就任しており、できれば教職の方は続けたかったのだが、旭川荘だけを辞めて大学は続けるというのは、大学の方針として不可能だった。そこで、大学から依頼のあった大学院での非常勤講師としての講座だけを残し、こちらも職を辞した。

そして10月からはシーザルの理事長に加えて、新たに関西国際大学の教授として教鞭をとることになる。これは、以前からの知り合いである日本社会事業大学の学長、大橋謙策の推挙によるものだった。

もうすぐ60歳、「自分の好きなことをする」という60代プランのスタートとなった。

上郷方式、西土佐方式を街に

シーザルを始めようと動き出した2000年は、ちょうど介護保険のスタートの時期に当たっている。岡山でその様子を見ていた宮原は、介護が社会化する以前の上郷や西土佐と、それ以後の岡山では、在宅での看護や介護の有り様が、ずいぶん異なることを感じていた。住んでいる地域の支える力、それと高齢者の権利意識の違いである。いわゆる田舎では、家族はもちろん、〝向こう三軒両隣〟で、近所で支え合うのはごく当たり前のことだった。しかし都市においては、岡山だとまだ家族の支え合いはあるものの、それでも住民同士の支え合いとなると、新旧住民の出入りもあって、昔からの関わりはほとんど残っていない。大都市に至ってはそのどちらもがなくなってきていた。また、介護や看護を受ける高齢者や家族にしても、保険料を払っているんだからその分のサービスを受けるのは当然という、受益者としての権利意識が急速に芽生え始めていた。

しかし、もともと在宅介護を重視してつくられた介護保険には利用限度額があって、今のサービス内容では家族の介護を前提にしない限り、重度の高齢者を家で看ることはほぼ不可能である。そうなると、核家族で高齢者の世話をできない家族や、特に認知症患者を抱える家族には、当然、施設志向が高まってくる。

ところが、国は高齢者のＱＯＬを高めるという視点から、高齢者の自立支援を名目に医療から介護に軸足を変え、さらに医療費を抑制するために、在宅介護に重点を移したのである。施設の建設は増加されるどころか規制されることになり、待機者は増加の一途をたどることになる。

事実、全国の自治体が06年から08年度に、特別養護老人ホームなどの介護保険施設の定員を約15万2千人分増やす計画を立てていたのに対し、09年4月の朝日新聞社の集計によると、実際には計画の半分以下の約7万5千人分に止まった。厚労省は、介護保険施設の整備は自治体側の責任だとした上で、03年と06年度と2回続けて行った介護報酬の引き下げや、介護現場の人材不足などにより、施設建設に手を挙げる事業者が減って整備がうまく進まなかったとしている。

しかし、2015年頃には団塊の世代が高齢期を迎え、高齢者の人口はピークとなる。当然、世話をしてくれる家族がなく施設にも入れない高齢者の数が急増する。施設の増加が望めず、在宅サービスが質量共に驚異的にパワーアップしない限り、このままでは行き場のない介護難民が大量に発生するのは明らかである。

しかし宮原は、そんな状況に対して、

「私は上郷や西土佐のような地方の村や地域のことはあまり心配してないんです。もちろん高齢化が進み集落崩壊などの新たな問題が出てきてはいます。しかし、高齢者の暮らしということになると、すでに危機意識を持っている住民は、それなりの方法を身に付けて何とかやっていこうとしていますよ。

それより問題は都市です。マンション暮らしの都市住民ですよ。たった1人で天井を見てるしかなくなってからでは、遅いんです。それなのに、どういうわけだか危機感がまったくないですよね。誰かが何とかしてくれるだろうと思っている。でも国には頼っていられないです。国だって経験のないことだから、どうしたらいいのか、本当のところは分からないんですから。

だったら方法は一つ、自分達でやっていくしかない。それには、地域で支え合うことです。そして病気にならない社会、病気になっても安心できる社会をつくっていく。それしかないと思いますよ。村でできたんだから、街でもできるはずです」。

つまりは上郷や西土佐でやってきた地域づくりの〃都市版〃だ。あのシステムを街に移植すればいいのである。もちろん土壌がまったく違うわけだから、当然、植え方も育て方も異なってくる。しかし、事態はもうそこまで来ているのだ。適したやり方を見つけながらやっていくしかない。

高齢者問題が問われるのは、単に高齢化が進み高齢者の数が増えるからではない。それとともに少子化、つまり高齢者を支える若年層が同時に減っていくことが問題なのである。

そこで宮原が期待するのが、「老々介護」だ。一般に老々介護と言うと、70代の子どもが90代の親を看たり、老いた妻が夫の世話をすることを言うが、宮原の老々介護は、それとは意味合いを異にする。元気な高齢者が元気ではない高齢者の面倒を看るということである。

65歳から74歳の前期高齢者の8割は元気老人だと言われている。若い人を当てにしないで、団塊世代の元気老人が、寝たきりや障害のある高齢者を支えればいいのである。昔の高齢者と違い、健康意識の高い彼らは、肉体年齢50代という者も珍しくなく、インターネットを駆使するなど、さまざまな技術を持っている。知恵を出し本気になって取り組めば、相当のことができるはずだ。そのためにもまず第一に、地域住民が今ある、あるいはこれから起こる状況をしっかりと把握し、「自分達で地域全体を健康にするんだ」という意識を高めることが必要だ。

そこで7月、シーザルでは月1回の学習会をスタートする。付近の住民に声をかけ、身近な健康問題に目を向けてもらうためだ。また、住民をリードする役目を担うべきケアマネジャーや介護士のための講座やセミナーも開始する。ただこれについては、言ってみればまだ様子見の段階であり、住民を動かしていくというよりも、むしろシーザルのスタッフ達に、シーザルの理念を共有させるためのものでもあった。その意味では、まだ本格的な取り組みとは言えない。

宮原は岡山でのネットワークを広げるため、中小企業同友会に入会する。異業種の人達と交流するためだ。また2002年の春には、岡山県社会福祉協議会が設置運営する岡山県ボランティア・市民活動支援センターの所長にも選任される。民間人として初めての起用だ。これは、岡山県社会福祉協議会の地域福祉部長、山本茂樹の推薦によるもので、宮原としては市民運動の発火点になれるかもしれないとの思惑があっての就任だった。

山本は言う。「医療と福祉の連携する場面を求められることが多くなってきましたが、福祉関係者はまだまだ医療とのパイプが太くなくて。それで、パイプを太くするために宮原先生に医師としてのネットワークを活かしてもらうことにしたんですが、病院ボランティアに関するアンケートでそれまで知り得なかった病院情報を得るなど、いろんな広がりができました」。

医療従事者であり介護保険事業者であり、かつ学識者でもある宮原は「実に稀な存在」であり、その視野の広さと行動力には大いに刺激を受けると言う山本。以来、2人の連携は今日まで続いている。

岡山県というのは自然災害がほとんどない所なせいか、支え合い精神が希薄な県民性だと言われている。残念ながら支援センターの実際の活動も、宮原にとっては積極的なものとは映らず、やりがいを感じることができなかった。山本にはすまなく思いつつ、所長の仕事は2年で辞職する。

理念を掲げた総合ケア シーザルの竣工

岡山市西市《にしいち》の民生委員であり、古くから西市に広範な土地を所有する岩藤一郎《いわふじいちろう》と知り合ったのは、中小企業同友会だった。岩藤は自身が高齢ということもあって、地域の高齢者問題、介護問題に関心が高く、宮原の説く地域での老々介護とそれを進めるための地域活動に大いに興味を示した。そしてこれまでの活動や将来的な計画などについて話しているうちに、「それならば」と土地の提供を申し出てくれたのである。

宮原は最初、特別養護老人ホームの設立を考えていた。しかし、岡山県においては既存の法人が所有する土地に建設する場合を除き、なかなか申請が認められないことが分かった。しかも以前なら建設費の１／２を国が、１／４を都道府県が助成したので、合わせて75％の補助金を受けることができたのに、小泉政権による三位一体改革で国が補助金を廃止。税源を移された自治体も厳しい財政の折り、補助金を抑制。岡山では上限が６、０００万円とされてしまった。これでは自前の土地も持たずこれから法人登録をするような事業者には、ハードルが高過ぎる。

そこで、一般の人でも入居可能な費用で、しかもあくまでも「生活する場」としての住宅型有料老人ホームを開設することにした。住宅型有料老人ホームは、介護が必要になった場合でも、訪問介護などのサービスを利用しながら、引き続きその施設でサービスを受けることが可能な有料老人ホームのことである。最近でこそ入居一時金が数百万円のものも出てきたが、まだまだ有料老人ホームは高嶺の花。一部の高額所得者のためのものという感じが強い。そこに一石を投じようと思ったのだ。

敷地は600坪。建築費は全額岩藤が負担してくれることになった。つまり、シーザルの意向を全面的に受け入れた設計プランで建設し、できあがった一棟丸ごとをシーザルが賃借するということである。

宮原はすぐに計画を練る。建坪200坪で3階建てにして、1階に事務所、ケアプラン策定事業所、訪問介護ステーション、訪問看護ステーション、さらにデイホームやリハビリスペース、多目的ホールなどを置く。そして、2階と3階を有料老人ホームとすることにした。

老人ホームは、各階に10室設け、全室バス・トイレ・ミニキッチン付きで、1人部屋が約27平方メートル、2人部屋が約38〜42平方メートルの広さ。ゆったりとした居室には全室ベランダが付いていて、採光も十分だ。1階の中庭は2、3階へ吹き抜けになっていて、そこにはテラスがあり、テラスの横には食堂兼談話室と和室が並んでいる。

そして、驚くのは入居一時金の安さである。普通の人が入居できるようにという当初の目的に合わせて、1人部屋が105万円、2人部屋なら136・5万円とした。居室の広さからすると、数百万円から1千万円を超えても不思議ではない。宮原の面目躍如である。1カ月の費用は、部屋代と食費、管理費などで1人なら155、400円、2人なら252、000円。内訳は、部屋代73、500円（2人部屋105、000円）、食費1人当たり52、500円、管理費29、400円（2人部屋42、000円）となっている。ちなみにこの老人ホーム、住宅型有料老人ホームとしては岡山県で最初のものだった。

建物全体の建築費は、最終的に2億7千万円ほどかかった。シーザルは家主側と30年契約を結び、賃貸料は地代も含めて月188万5、000円となった。これは家主側が事業としても成り立つようにと両者で決めた金額である。30年だと総額で7億円近く支払うことになるが、もし銀行ローンで自前で建てたとしていたら、返済額は利子を含めて3、4倍にはなっていただろう。宮原は岩藤との出会いに感謝するばかりであった。

600坪の敷地には平屋の建物もあった。そこで、そのまま壊さず400万円をかけて改装し、施設ができるまでの6カ月間、その建物でデイサービスを行うことにした。訪問活動を行う中で、どうしてもデイサービスが必要になってきたのだ。当初の利用者は9人で、ヘルパーは調理担当を入れて5人。これもまた幸運なスタートだった。

真っ白な箱を2つくっ付けたようなシンプルな建物は、2004年4月に竣工する。畑の後ろに長方形の白い壁。「シーザル」という緑の文字がくっきりと浮かんで見える。

NPOでも十分に純益を出す条件

現在、シーザルは理事長以下理事が5名、職員が常勤とパートの計31名で、ケアマネジャー3名、正・准看護師6名、介護福祉士1名、ホームヘルパー7名、介護職6名、生活相談員2名、理学療法士2名、夜勤4名（老人ホーム）となっている。いちばん若い職員は23歳の看護師で、最高齢はヘルパー2級の資格を持つ67歳の夜勤男性である。

年商は1億5千万円強で、収入の比率は、デイホームが33・5%、有料老人ホームが32・5%、訪問看護が14・8%、訪問介護が12・7%、ケアプラン策定が5・8%ほどだ。サービス件数で見ると、デイケアが1日平均22人で月にすると約500人、老人ホームは入居者23名で、訪問看護が27人、訪問介護が40件ほど、ケアプラン策定が

70件ほどである（２００８年9月現在）。特にケアプランの策定については、ケアマネジャー1人が最大で39名持てるところを、それでは事務に追われて利用者とゆっくり話すこともできず、きちんとしたプランは立てられないということで、3人で70件に抑えている。最大件数の6割に満たない。

「生活を見ないと本当のケアプランは立てられませんからね。ケアマネには玄関先ではなく、必ず家の中に入って話して来るように言っています。それはケアについても同じで、看護師もヘルパーも、デイサービスの職員もすべて、利用者の生活を見る、歴史を知ることを第一にやっています。その積み重ねからケアは生まれるものであり、それが『命と心と暮らしを支える』というシーザルの理念なんです」と山下は言う。

シーザルでは高い技術はもちろんのこと、職員はまずこの理念を理解し実践することを求められる。理念とは心持ちの問題であり、頭では何となく理解できても、具体的に一つ一つの行動でどうそれを実行していくかという段になると、困ってしまう者が多い。マニュアルは基本的な合意事項にすぎず、たとえその通りにやっても、理念を理解しているということにはならないからだ。むしろマニュアルにないことに理念は潜んでいる。苦もなく身に付ける者も居れば、どうしても習得できない者も居る。

そのため、事業開始後3、4年は辞めていく者も多かった。しかし新築施設への移転後は、一つの事務所でいつでも顔を合わせながら、情報はすべてオープン、気づいたことは何でも話し合うという雰囲気の中で、スタッフはしっかりと育っていった。今、家族の転勤などで辞めざるを得ない者以外、離職者は居ないと言う。

支出の5割近くは職員の給与だ。他の職種に比して低いことで問題視されているホームヘルパーの初任給は、16万円、4年後で18万円程になる。社会保障や家族手当などの諸手当のほか、ボーナスも年間3・5カ月分が支給される。NPO法人で、ここまで保障されている所は珍しい。ただし理事に関しては、２００９年度から理事長には5万円の報酬が支払われることになったが、それまでは無給で、一般理事は現在でもみんなボランティアである。ちなみに山下と宮原への借入金の返済は開設の次年度から行われている。

介護職の賃金については、実際に驚くほど低い所があることは事実だ。しかし宮原は、実状はマスコミで言われているようなものではないと言う。よく比較して出される金額に、男性の全産業の平均月収37万2千円に対して、全国5、７００カ所の特別養護老人ホームで働く男性の平均月収が22万6千円というのがある。前者は働き始めて10数年の男性の給与だが、それに対して後者はどうだろう。例えば、グループホームの平均在職期間は21・7カ月で、2年に満たないという現実がある。

「比べるのであれば、介護職を10年以上続けている男性の平均月収を出して比較するべきでしょう。一般の企業に比べたら低いことは事実でしょうが、しかし旭川荘の特別養護老人ホームで10年働いている男性の月収が、22万円なんてことは考えられないですよ。シーザルだってそうではないわけですから。

ただ、介護職は重労働で大変なことは確かです。しかしそこには他の仕事では得られない喜びもあるんです。それについては言わないで、きつい、汚い、安い、ばかりを言うもんだから、ますます人が来なくなってしまう。働く環境だって自ずと暗いものになりますよ。そうじゃなくて、明るくて楽しい、そしてやりがいの感じられる職場だってことをもっと世間に伝えなくては。そうすれば、実際にそういう職場だって増えていくでしょうし、たとえ給料は安くても働きたいという人がきっと出てきますよ。そうなると、状況は変わってくるんじゃないでしょうか。今は本当に悪いスパイラルに陥っています」。

設立から8年、シーザルはここ数年極めて経営が安定し、07年度の正味資産合計は200万円を超えている。日本では特定非営利活動に対する理解が浅く、収益や会費など、自力収入で活動しているNPO法人は、まだまだ少ない。多くは補助金や寄付金頼みで財政難に苦しんでいる。シーザルの運営は稀なケースかもしれないが、しかしそれはシーザルが理念を掲げ、その理念の到達へ向けて実際に自分達で努力してつかんだものである。

「儲けようとしなければいいんです。当たり前にやっていれば、当たり前に利益は出ます」という宮原の言葉が力強い。なるほど大家である岩藤の支援は大きかったかもしれない。しかし「要は、その気になってやるかやらないか、ということです」。宮原の基底にあるのは、あくまでも性善説であり楽観主義である。しかし強い信念を持ち続ければ、人も物も惹き付けられる。そのこともまた、宮原は教えてくれている。

小さな本物

上郷と西土佐での活動は、医者でなくてはできないものだった。しかし岡山でのシーザルの活動は、「医師でなくてもできる活動」だと宮原は言う。

「医師不足が言われていて、確かに絶対数は不足しているんですが、それでも都市にはある程度の医者は居るわけです。だから、超高齢化社会になっても、医療はそこそこできるだろうと。じゃ、その先に何が必要かと言うと、福祉で生活をどう支えていくか、ということだと思うんです。そこで、シーザルの活動は、医者でなくてもできるものとしてやってみようと決めたんです」。

思いがあれば誰にでも、住民サイドに立った福祉が展開できる。そのことを実際に示そうというのである。住民が自分達のために自分達で行う福祉のモデルづくり、と言ってもいい。だから、目指したのはシーザルを大きくすることではなく、当たり前のことを当たり前にやっていく「小さな本物」。病気や障害があっても、健康な人同様に楽しく生活が送っていけるように、その人らしく生きていけるように支えていくのだ。

シーザルの活動には、３つの柱がある。

１つは在宅支援で、ケアプランの策定、訪問介護、訪問看護、デイホーム。それに付随するものとして、タクシーや公共交通機関の利用が困難な人のための移送サービス、散歩や買い物など、介護保険サービスに該当しないことの手助け、大工仕事などの修理サービスが含まれる。これらはボランティアでなされている、いわばおまけサービスのようなものである。

２つ目は施設支援で、住宅型有料老人ホームの運営がそれである。

そして、３つ目が健康福祉支援で、毎月1回、多彩な講師を招いて健康福祉塾を開催し、本の出版・販売なども行っている。この健康福祉塾が、シーザルの活動を支える環境づくりであり、病気や障害に対する知恵と知識を共有する場。宮原が村づくり運動の核にしていた学習会に当たるものだ。

「例えば、認知症の人に対して『火をつけるかもしれない』とか『うろうろして何か不気味』『子どもにいたずらしないだろうか』というような雰囲気が地域にあれば、そんな偏見や差別がなくならない限り、彼らが地域で普通に暮らすことはできませんよね。だから認知症がどんなものなのかについての学習をするわけです。そして、そういう病気だったのかと気がつくと、ほかにも気づきが出てきます。そうすると問題が見えてきて、それに対処する方法をみんなで考えることになる。町づくりのスタートですね」。

ただ、辺地では健康センターや保健センターなど、1カ所から情報発信することで一気に村づくりにまでつなげることができたが、都市ではそうは簡単にいかない。より多くの、より多様な住民に情報を届けるためには、福祉塾だけでなく地区の自治会、幼稚園や学校、公民館、他のNPOなど、複数の地点から発信する必要がある。さらに、住民を動かし環境整備や地域づくりに向かわせるには、よりドラスティックに、そしてよりパワフルに活動を展開することが肝要だ。ボランティアとの連携を含め、このあたりが他の多くの施設同様、シーザルにとってもまだまだ弱い部分であり今後の大きな課題でもある。

実際、岡山に来て数年後、宮原は都市での運動の難しさを実感した。たまたま居住するマンションの役員になったので、「これはいい機会だ」と、役員会でマンションにおける高齢化対策の必要性を説いたのである。しかし考え方には大賛成の住民達が、実際に活動ということになると、進んで参加しようとする人はほとんど居ない。「そういうことが煩わしいからマンションに住んでるんやから」という声に、宮原は唖然とするばかりだった。

しかし、小さな本物を目指すというシーザルの理念や活動は、シーザルが存続することで理解者が増え、必ず5年、10年の単位で広がって行くものと、宮原は信じている。これもまた、彼の楽観主義の為すところではあるが、しかし実際のところ、高齢化の波はすでに打ち寄せて来ている。宮原とて現実を直視しないわけにはいかない。住民の動きをうねらせるような、仕掛けをつくらなければ。しかし、『活動を大きく展開させるために突っ走ったら、もしもまた倒れた時に回りに迷惑をかけることになる。今は、できることから、できるところまでやっていく方がいいのかもしれない』。

バイパス手術を受けた宮原の健康に対する不安。岡山の活動には、常にこの不安が付きまとう。宮原のジレンマが始まる。

情報を共有し、同じ方向性を持つ

シーザルの特色とは、どんな点だろうか。

「利用者本人のことを思って、その人が何を望んでいるのか、可能な限り理解し、一生懸命、一緒に頑張る」どこの施設でも言い方は違っても同じような内容のことを言っている。しかし、実際にスタッフ全員が同じ思いで実行している所となると、どれほどあるだろうか。逆に言えば、実行が難しいからこそ、どこでも理想として掲げているのだ。そしてこの実行の度合いが、その施設の質の高さにつながるのである。

シーザルのスタッフには、マニュアルに縛られず常に臨機応変に対応することが求められる。介護の現場は一つとして同じものはなく、マニュアルは基本であり、最低限の了解事項にすぎない。マニュアルにあることだけをやるのでは単なる処理であり、それはケアとは言えない。現場で指揮を執る山下は、「好きな人にはやってあげたいことが次々に出てくるのと同じように、利用者さんのことを本当に大切に思えば、いろいろなことが見えてきて、その小さな気づきの蓄積で自然にケアができるようになる」と指導している。

もちろん気づきのベースには、知識の裏付けがなくてはならないし、ケアのベースには技術が必要だ。そこでシーザルでは、各事業所ごとに月2回の学習会のほか、毎月1回、業務終了後に行う職員勉強会で、多岐にわたったテーマを取り上げてスタッフ全員で学習し、終了後には全員にリポートを提出させている。学習&リポート提出は、上郷や西土佐以来の伝統だ。技術については、その都度山下や先輩スタッフが指導して伝えており、利用者からはもちろん、外部の医療機関からも厚い信頼を得ている。いくつかの事業者から無理だと断られて、シーザルに回って来た利用者も少なくない。

しかしいちばん大きいのは、同じスペースにスタッフ全員が居て日々の業務をみんなが見聞きしていることだろう。患者の様子も、それに対する介護や看護の実態もすべて耳に入ってくるので、そこには自然と利用者のどんな小さな医療サインも見逃さないという意識が生まれ、ヘルパーも介護職員も進んで医療知識を吸収するようになる。そうして知識レベルが上がり、それとともに技術力も多様で強固なものになるのである。

場の共有が情報の共有につながることは、宮原がずっと実践してきたことである。その重要性を再確認したのは、西土佐で福祉施設が新たに建設され、スタッフの増加で医療と福祉の事務所が分かれてしまった時だ。用のある時だけに連絡し合うことになり、思わぬ行き違いが生じ始めて、情報が行き渡らなくなってしまったのだ。

当時の保健センター所長だった中平貞行（現・四万十市西土佐総合支所長）は、振り返る。

「雑談が重要だったんですね。その中で個人的な事情も見えてきて、利用者さんへはもちろん、スタッフ間でも細かな対応ができていたんです。些細なことのようですが、でも大事なことなんですよね」。

「デイホームの仕事は全員で行う」ことも、ケアの質の向上に大きく貢献している。それぞれが各事業で自分の仕事をしながら、事務所の前のデイホームに、全員が目を配り、気を配り、心配りをしている。オールマイティーに動けるようにということで始められたものだが、当然、そこには介護と看護の垣根はない。

シーザルで働くようになってやがて1年になるという板野奈美栄《いたのなみえ》は、看護歴11年の看護師だ。家族の転勤で岡山にやって来て、たまたま近所にあったシーザルに応募して来た。その前にもクリニックのデイホームで働いていた。

「2カ月間は研修を兼ねてデイホームで働いて、今は訪問看護をしています。医療度の高い人はもちろん看護が主流になりますが、でも生活面は介護なのでベースは介護だと思っています。訪問看護は初めてで、その場で判断しなくちゃいけないことが多くて、最初の頃は何かある都度電話で尋ねてましたけど、今はもうだいぶん慣れて、1人で判断しながらやることにかえってやりがいを感じています。でも、在宅でもデイホームでも個人プレーではいいケアはできないんですよね。ここではみんなが同じ方向性を持って自然に助け合う形で連携しているので、寝たきりだった患者さんが起き上がれるようになったり、経管栄養だった方が自分で食べられるようになったりというのがよくあります。そんな時はほんとに嬉しいです。今はすべてが勉強になります」。

もともとお年寄りが大好きで、仕事として接していてもかえって自分の方が落ち着く、と笑う板野。彼女は高齢者の看護や介護に向いた資質を持っているのかもしれない。しかしシーザルの労働環境が、いっそうそれを高めている。

大切なのは感性教育

もう一つ大切なことがある。それは、医療者や介護者には、利用者の心に寄り添える、利用者の心を受け止められる「感性」が何より必要なことだ。宮原は言う。

「人の命に関わる仕事には、世の中にはお金よりももっと大切なものがあるという人達が従事すべきです。金儲けや生活の手段として考える人達には、人の喜びや悲しみ、ましてや生きがいなんて感じ取れませんからね」。

宮原には、医療現場にしても介護現場にしても、この「感性の重要性」がまだまだ認識されていないように思えてならない。だから大学や専門学校での育成の過程でも、感性教育などはまるで重要視されていないのだ。特に訪問活動の需要が増すこれから、資質にだけ頼っているわけにはいかない。感性教育は、これから取り組まなければならない大きなテーマだと宮原は考えている。

最初にシーザルを訪れた日、デイホームではちょうど昼食のしまいかけの頃で、まだ食事中の人も居ればお茶を飲んでいる人も居た。ヘルパーも加わって2、3人で談笑している人も居るし、テーブルの端ではやりかけのパッチワークを取り出している人も。聞こえるのは、食器を片付けて運ぶ音、テレビの音声におしゃべりの声、人の足音。これまで訪れたことのあるいくつかの施設では、昼食時にはみんなが一斉に食事をしていて、そこで聞こえるのは〝施設の食堂〟の音だった。しかしここでは、普通の生活音が聞こえ、普通の空気感がある。穏やかな時間の流れとともにホッとする安らぎがある。

チームの要として、シーザルの内でも外でも元気に動き回っているケアマネジャーの賀来貴子《かくたかこ》は、「シーザルの利用者にはやらなくてはいけないものがないせいだ」と言う。やりたい人がやりたい時にやりたいことをする。食事の時間は決まっているが、それでも利用者一人一人のリズムや要望、好みに合わせてとるようにしているので、全体にのんびりしたムードが漂う。さらに、デイホームには専属がなく、スタッフ全員の目が注がれていることの安心感と、そして緊張感がほどよくあるせいだろう。食堂ではなくて、ちょっと大きな居間、家族が集まるリビングルームのような雰囲気だった。

「でもこういうやり方にはスタッフの能力が不可欠なんです。利用者さんが何を必要としているかを見極めなくてはいけませんから。でもそれがまた、仕事のやりがいでもあるし、喜んでくださってる顔を見た時には、心がつながったって感じがします」。

実は賀来の夫はシーザルの事務長で、2人の子どもを育てながら夫婦で共働きをしている。ミセス賀来の仕事はこまやかなケアプランを立てることだが、理事長や所長の高い理念やその時々の思いを、スタッフとの間に入って分かりやすく砕きながら職員に伝えるのも、大きな仕事の一つだ。ミスター賀来は事務長職をしながらヘルパーの仕事もこなし、手先の器用さを活かして在宅支援事業のプラスサービスである大工仕事も請け負っている。おおらかな明るさは、事務所のムードづくりに欠かせない。

仕事に私情は持ち込まないことが信条の2人だが、家庭には仕事が頻繁に持ち込まれるらしく、夜遅くまで利用者さんやシーザルについて、話し込むことも多いと言う。

「経済的にはもう少しゆとりがあると嬉しいんですが、でも仕事は毎日充実していて、誇りを持ってやっています」。

きっぱりと言い切る賀来。こんなカップルが増えると、介護職も明るいものになるだろう。

介護保険のスタート時には、日本でももてはやされた介護職。その後の介護報酬削減で収入が減額されて労働条件が悪化し、敬遠される仕事になってしまったが、高齢化がピークを迎えるに当たって、ますますなくてはならないものになる。実際、介護市場は２０３０年には20兆円を超すとも言われている。新たなビジネスチャンスとして働く環境も整備されていくべきだ。シーザルで理想を掲げて働くスタッフ達の笑顔に触れると、日本中の介護現場が、働く者に誇りと充実感を与える素敵な職場になることを望まずにはいられない。

〝その人らしく〟を実現する老人ホーム

秋も深まった頃、老人ホームの上半期年次報告会を覗いてみた。出席者は居住者とその家族、それにスタッフだ。所長の山下の司会で、まず理事長、宮原の挨拶に続き、賀来事務長から収支報告も含めた状況報告、それからスタッフの紹介、各居住者や家族との意見交換が行われた。

その後は、雑談しながらの昼食会。老人ホームの食事はデイホームと同じ、委託業者が賄っている。利用者の容態によって内容は細かく分かれていて、この時出されたのは普通食、サヨリの塩焼きにほうれん草のおひたし、大根の煮物など、素材も味も吟味されたなかなかおいしいものだった。ただ70歳のSさん（女性）は、脳梗塞で左手が動かなくなるまではお惣菜屋さんをしていたこともあって、「ほうれん草がちょっとべちゃっとしてた。きっと冷凍野菜を使ったのね」と手厳しい。週に3日は1階のデイホームを利用して、他の日は寝たり起きたりの毎日。居住者達とお菓子を出し合って一緒に食べるのが楽しみだ。

隣に居たNさん（女性）は78歳。7年前に脳梗塞で倒れ左半身に麻痺が残ったが、宮原が主治医となり、娘さんの介護とシーザルの看護・介護サービスで在宅療養を続け、歩いてトイレに行けるまでに回復した。

「母は宮原先生の大ファンで、往診の後、先生を見送ると言っては毎回、頑張って玄関まで歩くんですね。右足出して左足出してって感じですから、私は先生を長いことお待たせして申し訳ないと、気が気ではありませんでした」。

頑張り過ぎて後が大変だったと言う娘さん。しかし2年後、脳梗塞を再発して今度は右半身が完全麻痺に。寝たきりの胃ろう生活になった。家族とケアマネジャーを前に入院先の医師からは、「在宅は無理です。施設を探してください」と言われたが、家族はためらうことなく、

「本人も私達も在宅を望みます。前に倒れた時も在宅で歩けるようになり、車椅子で散歩できるようになりました。今度は話もできないし、左右の麻痺なので大変だとは思いますが、みなさんが支えてくださるなら家に帰ります」と在宅を選んだ。ケアマネジャーの賀来ももちろん同意した。

Nさんの寝たきり生活は、胃ろう栄養、インスリン注射、尿量のチェック（尿カテーテル留置）、体位交換、清拭などやるべきことが多く、特に夜中の喀痰吸引には苦労した。それでも訪問看護、訪問介護、福祉機器の貸し出し・購入、通所リハビリテーション、宮原の往診など、要介護5で可能なサービスと、さらに障害者自立支援法のサー

ビスを十分に活用して在宅支援が続行された。

それから2年、Nさんは依然寝たきり状態だが喀痰は減少し血糖値も安定。歯科医師の訪問で嚥下リハビリも開始し、週に2回は入浴や個別のリハビリサービスを受けて、左手で白板に簡単な字を書けるまでになった。壁には大好きな氷川きよしのポスターがNさんを見守る。

これは、本人、家族、ケアマネジャー、サービスの提供者、医師、歯科医などがチームとなって連携プレーで支えれば、在宅でもいきいきとした生活が送れるという好例だ。

ところが数カ月前のことだ。夫の心臓病が悪化して認知症が進行。周辺症状も出てきたため、娘さんも「2人を介護するのはとても無理」といよいよ在宅介護を諦めて、2人をシーザルの老人ホームに入居させることにした。

転居の不安で夫は大声で騒いだり夜中の徘徊が頻繁になったが、スタッフの粘り強いケアで間もなく安定し、今は同じ階の入居者と2人、夕方一緒に歌を歌うのを楽しみにしている。Nさんも日中はデイホームで過ごしたり、娘さんと散歩したりしてのんびり毎日を送っている。娘さんは、

「以前と同じように主治医は宮原先生ですし、シーザルの訪問看護と訪問介護、そして夜は夜勤の方が見てくれるので本当に安心です。今はできるだけ両親と一緒にいて、話をしたりしてゆったりと時間を過ごしています」。

最後まで在宅療養を望んでいた親子だが、状況が変わればそれに応じなければならない。しかし良いチームケアがあれば、どんなに環境が変わってもその人らしさは失われない。氷川きよしのポスターは、ここでもやはり壁に貼られている。

ちなみに夜間は、ヘルパー資格を持ったスタッフが定期的に見回り、保険による介護サービスはできないが、1

回に付き１００〜１５０円で排泄介助やおむつの交換を行っている。

Ｏさん（女性、70歳）は、それまで20年間両親を家で介護していたが、父を看取った後、数年前に胃ろうになった母と２人で入居してきた。当初は胃ろう栄養を続けていたが、「本人も嫌がってるようだし、これだったら大丈夫でしょう」という宮原の判断で胃ろうを外したところ、食べるのが楽しくて仕方がない母親はお替わりもするようになった。当然、健康状態は改善し、シーザルで４年を過ごした後、98歳で亡くなった。Ｏさんは今、テラスの草花の世話を一手に引き受けて自由な生活を満喫している。

花壇の世話をするＯさん

現在、老人ホームでは自立者６名、要支援者６名、要介護１〜３が６名、要介護４が１名、要介護５が２名暮らしている。胃ろうや気管切開など、医療器具設置者が数名。またこれまでの入居者のうち１／３に認知症が見られたが、したいことができてストレスが減少しイライラしないようになると、問題行動は影を潜め中には自宅に戻った人も居る。

ターミナルケアで最期を看取った入居者は６名。すべて本人と家族の希望によるものだ。「終末期医療に関する調査等検討会」報告書（２００４）によれば、一般国民の58・8％の人が自宅で最期まで療養することを希望している一方で、65・5％の人は、実現困難であると回答している。実際、8割が医療機関で亡くなっており、在宅死亡割合は1割余りだ（人口動態統計、2007）。

終の住処《すみか》について、宮原は言う。「自宅にこだわることはないんじゃないでしょうか。老人ホームやケアハウス、グループホーム、それに高齢者専用賃貸住宅など、いろいろなタイプが整備されてきていますから、自分の状況に応じて柔軟に選んだらいいと思います。ことに団塊世代になると『個』の意識をはっきり持っている人が多いので、これからは周囲に気兼ねすることなく自分の意思で決めていくようになるでしょう」。

要介護高齢者を対象とした有料老人ホームや高齢者住宅は、介護保険制度の発足によって急速に開設数が増え、重度要介護状態となっても手厚い介護サービスが受けられるように、介護態勢を強化したホームも出てきている。しかしそれも建前的なものが多く、実際には介護サービス中心の介護システムに乗っているだけで、看護や医療についてはほぼ病院任せ。協力病院や提携病院と言っても、ただ名前を借りている程度で、実質的な連携や提携内容となるときちんと定めている所は少ない。

また一方では、医療保険財政の悪化を食い止めるため、「入院から在宅へ」が大きな流れとして進められており、治療が必要な患者も入院は極力限定し、医師の常時管理が必要のない患者についてはできるだけ退院させて、訪問看護や訪問診療のサービスを利用して自宅療養を促すという形に変容してきている。そんな中、医療ニーズの高い高齢者が入居しているとされる介護老人療養施設（療養病床）が、2011年までに廃止されることが決まり、また、一般病床でも、入院患者の平均在院日数の短縮が求められている。

つまり、多くの有料老人ホーム入居者は、入居後に何らかの原因で入院となった場合、状態がよくなったりあるいは一定期間を過ぎると、病院からは退院を促されるが、帰って行くべき有料老人ホームからもいい顔をされない。それどころか、再入居を拒否されるケースが頻出している。十分な看護・医療ケアを受けられないという理由からだが、受け入れ先がないという、まさに「介護難民」である。これが現在の有料老人ホームの現状であろう。そう思うと、シーザルの住宅型有料老人ホームにおいて、過去6名の入居者がターミナルケアを受けたということは、極めて特異な例になるかもしれない。

乳がんの手術後転移があり、一人暮らしで抗がん剤の治療を行っていたが、気持ちも落ち込み食事も取れないでいたら、ちょうど空き室があって入居でき「命を救われた」と言うFさん（女性、65歳）。甥夫婦がたくさんのパンフレットの中から選んでくれて車椅子で入居したが、その後のリハビリで歩けるようになったSさん（女性、80歳）。みんなそれぞれに自分の人生を見つめ、生活の場を決定し、納得した毎日を送っている。

「年を取ると誰でも必ず障害者になり、死んでいくんです」。

居住者の方の話を聞いているうちに、宮原の言葉が頭をよぎる。自分の生と死を考える中で、どこで療養してどこで最期を迎えたいのか。先送りせず、しっかり自分で決めておくべきだろう。

当たり前のことを、当たり前に

スタートから8年。高い理念を掲げて宮原が始めたシーザルの事業は、今、かなり理想的な形に近づいて来ていると言う。それは、〝チームケア〟の構築を指している。

「その人らしさ」を目指すシーザルでは、ケアマネジャーや看護師、介護福祉士やホームヘルパー、理学療法士や介護職スタッフはもちろん、それに家族や主治医、さらに他の事業所も巻き込んで、1人の利用者をさまざまな角度から支えていく〝チームケア〟が育ってきている。実際、これからの在宅看護・介護に関しては、このチームケアが機能しないことには、利用者が望む医療や介護は受けられない。

チームケアの是非を左右するのは、利用者一人一人に対して定期的に開くカンファレンスだ。要する時間は30分程度。参加者はそれぞれがプロとして、みんな対等に意見を述べ合う。特に医師からの病状説明は欠かせない。それも宮原は簡潔に分かりやすく、3分以内と定めている。

人生経験豊かな利用者に対応する場合、特にその意向に添おうとすると、画一的なケアでは間に合わず、そうなるとどうしてもケアがぶれがちになる。ぶれないためには、最終的にケアする側の人間性が求められることになる。そのあたりが他の仕事と異なる点だ。その意味で、「看護者や介護者は、まず人の役に立ちたいという強い思いを持ち、その上でさらに知性や感性を磨いていく。そうできない者には向かない職種でしょうね」という宮原の言葉はよく分かる。離職者の絶えない介護現場の多い中、スタッフが安定しているシーザルは良いスパイラルで上昇している。顕在的あるいは潜在的に同じような思いを持ったスタッフが、引き寄せられているような感じだ。

ただ宮原自身は、岡山での活動を「当たり前のことを、当たり前にやっているだけ」と評して止まない。しかし社会が変わり、人が変わり、当たり前のことが当たり前でなくなってきた今、改めて「これが当たり前」というものを示し、それをやり続けていくことには、それだけでも大きな意味がある。むしろそれこそが、今一番に発信さ

シーザル全景

居室内部

リハビリコーナー

書道教室

食　堂

折り紙教室

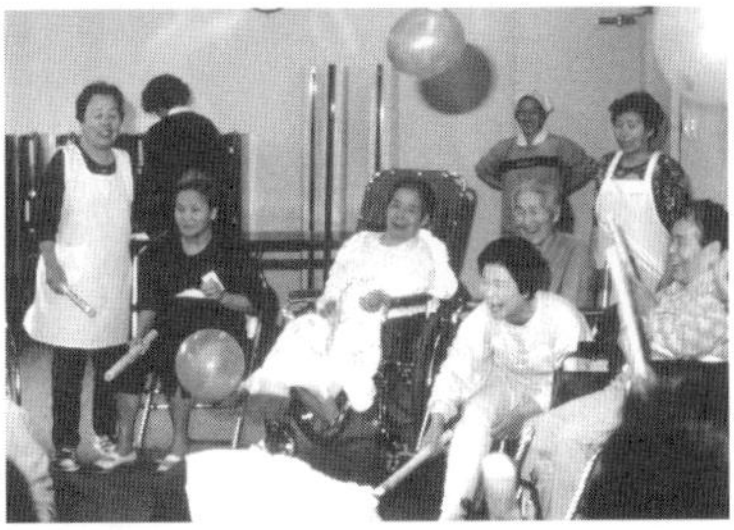

風船ゲーム

クリスマス会

れるべきものではないだろうか。

しかし世界に類を見ない速さで高齢化の道を突き進んでいる日本の現状を顧みると、良い医療機関や事業体があるだけでは、良い医療はともかく、生活を支える良い福祉は遂行できない。バックアップする、共に支える市民の存在が必要だ。「村での活動を都市に移植する」という宮原の構想も、それなくしては単なる絵に描いた餅で終わってしまう。

「地域に良い医療、良い福祉を根付かせるためには、やっぱり町づくりです。そのためには住民が自分達自身の意識を変えて、自発的に動いていかなければ何も変わりません。結局のところ、市民をいかにエンパワーメントするか。問題はそこですね」。

シーザルを進展させていく中で、さらなる課題だ。その課題に向けてできることは何か。宮原は次に何を目指そうとしているのだろうか。

第5章　支え合う医療福祉文化を

超高齢社会は在宅放置時代

このところ街でも図書館でも、映画館やコンサートでも多くの高齢者を見かけるようになった。カップルだったりグループだったり、でもとにかく元気そうで楽しげな人が多いような気がする。ホテルのランチタイムなど同窓会かと思うくらいだ。

日本が世界一の長寿国というのはよく知られている。高齢化率（総人口に占める65歳以上の人口比率）も、１９７０年に７％を超えて高齢化社会に仲間入りし、１９９４年に14％超で高齢社会、２００７年には21％超の超高齢社会に突入した。そして２００９年現在の高齢化率22・８％はもちろん世界のトップである。

しかも高齢化社会から高齢社会までに、フランスは１１５年、スウェーデンで85年、短い方でもイギリス47年、ドイツは40年かかっている。なのに日本はたったの24年。高齢化はこの先も進み、団塊世代が高齢期を迎える２０１２年には65歳以上が３千万人を超え、２０１８年には３千５百万人に達すると予測されている（高齢化率28・６％）。そうなると３・５人に１人は高齢者ということになる。

日本はこれまで北欧やオーストラリアなどの高齢者対策をモデルにしてきたが、今や前人未到の超高齢社会の道をひた走っている日本の動向が、かえって世界中から注視されているのである。

そんな中、日本の超高齢社会はと言うと、05年の内閣府の調査によると「体が弱って来た時に望む住まい」として、高齢者の6割以上が自宅と答えている。しかし65歳以上の世帯構成を見ると、夫婦のみが約3割で、一人暮らしが2割強、親と未婚の子のみが2割弱だ。こうなると家族支援だけでは到底やってはいけない。社会的支援が必要になる世帯が大幅に続出する。

しかし厚生労働省によると、2006年3月時点で、在宅介護の事業所は、訪問や通所サービスなど、すべてを含めても9万カ所ほどで、介護職の従事者は施設も含めて117万人。ほとんどの職種で求人倍率が大幅に1を切る求職難の時代に、介護職の求人倍率は何と3・48。それなのに人は集まらず、それどころか離職者が後を絶たないという現実だ。09年4月より介護保険の報酬が3%アップされたが、これまで2度にわたって10%以上報酬カットされているのだから、この程度では元にも戻らない。国が考えるスタッフの増員など、大幅増収か制度の変更でもなければ実現は不可能だろう。介護をしてくれる人がなければ、これは宮原の言うように「介護放置」「在宅放置」にほかならない。そこで、「身内に頼らず安心して暮らせて、最期も看取ってもらえる場所」ということで、多くの人がケア付きの施設を探す。

ところが、安価な費用で最も要望の高い特別養護老人ホーム（特養）は、全国に5、700カ所で定員は43万人。待機高齢者数は38万5千人にも上る。認知症ケアの切り札と言われているグループホームは1万カ所、13万人が利用するが、認知症高齢者は今や200万人に達し、待機者はやはり列を成している。その他、介護老人保健施設（老健）は3、400カ所で28万人、介護療養型医療施設が2、900カ所で11万人の定員だが、ここにもまた容易には入所できない。

この先、毎年100万人単位で団塊世代の高齢者が増えていく中、入居費が高額なケア付き有料老人ホームやケアハウスを含めて、介護保険が適用されるこれらの施設をどれほど充実することができるのか。国が特定施設に対する建設費の助成を廃止したのに対し、財政悪化の都道府県はこれを肩代わりできず、特養などの増設は抑制状態だ。ここでも行き場のない多くの介護難民が出現する。つまるところ、〝在宅放置〟である。

そこで国は、2001年、高齢者が安心して生活できる居住環境の実現を目的として「高齢者の居住の安定確保に関する法律」(高齢者居住法)を施行。高齢者向けの賃貸住宅の整備が進められることになった。国交省の管轄で届け出制なため設備などに規制がない「高齢者専用賃貸住宅」(高専賃)と、認定制でバリアフリー仕様や1戸当たりの面積が25平方メートル以上、各戸に台所・水洗便所・収納・洗面設備・浴室を備えるなどの規制がある「高齢者向け優良賃貸住宅」(高優賃)などがそれである。

高専賃にはさまざまなタイプの住宅があり、これに小規模多機能型居宅介護を組み合わせると「通い」を中心に「訪問」「泊まり」の3つのサービスが一体となり、24時間切れ目なくサービスを提供できるようになる。そうなると実質的には365日ケアが保障される介護付き有料老人ホームと同じだ。ただ規制がないので、当然、玉石混淆、質にも大きな差が出てくることになり、無届けも多く、その一つ、群馬県渋川市の施設「静養ホームたまゆら」では、生活保護を受けていた10人が火災で亡くなった。これには、老いの格差という新たな問題も生まれている。

事業者に対して建設費などの整備費の補助や税の優遇がある高優賃は、高齢者が安心して暮らせるように一定以下の所得者に対しては家賃負担を軽くする措置が取られており、また万一の場合(事故、急病、負傷)、提携民間事業者に通報する緊急時対応サービスも利用できる。

両者とも大いに増加が期待されているが、実際にどうなっていくのかはまったく不透明であり、在宅放置解消の救世主と言うには、まだまだはるかに遠い存在のようだ。

宮原は言う。

「かつて日本は高齢者を大切にする国でした。でも効率優先、経済優先で家族も社会もそして国も、お互いがやってくれるだろうと期待して、自分達で責任を持って引き受けようとしなくなりましたよね。今、在宅放置、そして介護放置は着実に進んでいるし、放置化のスピードも放置の数も、これから急激に増えていくと思いますよ」。

在宅放置、介護放置の元凶は医療費削減

在宅放置も介護放置も、元をたどれば医療費の削減に行き着く。

高齢者は病気になりやすく治療期間も長期化しがちだ。当然、医療や介護にかかる費用は増加する。２００８年度の国民医療費は34兆円超だったが、その半分は65歳以上の医療費だとされている。

もちろん高齢化以外にも医療費を増大させるものはある。まず、死に至る病気が、結核や肺炎などの感染症からがんや脳卒中、心臓病を中心とする生活習慣病に移行したこと。これらの疾病は治療期間が一般的に長く、高度な医療も必要なため医療費もかさみがちだ。医学や医術の進歩による新技術の普及も医療費を押し上げるし、出来高制の診療報酬が薬漬け、検査漬けといった過剰診療や入院期間の長期化を助長する面があることも否めない。

病院の病床数の増加もある。特に慢性病などの長期に療養が必要な患者や手術後のリハビリが必要な患者を入院させる療養病床は、ここ10数年の間に10倍以上となり、その中のかなりの部分が、医療的ケアを必要としない高齢者の「社会的入院」の温床になっていると言われてきた。

そこで2001年、小泉内閣が聖域なき構造改革による医療制度改革をスタート。医療費の自然増分から04年に3、000億円、翌年から2、200億円を削減することになり、そのための方策が打ち出されていった。

その1つが療養病床の削減で、2006年、35万床の療養病床のうち、医療保険対応の23万床を8万床削減し、介護保険対応の12万床は2012年末までに全廃することが決まった。しかし、現場はもちろん世論も大反発。2008年の夏には削減を緩和し、医療病床を22万床残すということで落ち着いた。しかし12万床については、廃止しない場合は特別養護老人ホーム（特養）か老人保健施設（老健）に転換するか、あるいは新型老健の新設を促している。しかし、やはりと言うべきだろうか、ここでも遅々として進んでいないのが現実だ。

要するに、療養病床は医療の「必要性の高い」患者を受け入れるものに限定し、「必要性の低い」患者については、老健や特養などの施設やグループホーム、ケアハウス、それに自宅に振り分け、訪問看護や訪問介護などの在宅サービスで受け入れるようにする。医療費は療養病床よりも老人施設の方が、さらに在宅の方が安くつくので、これにより1、200億円の削減につながると言う。しかしこれも全医療費に見ると0・3%ほどにすぎない。そして、行き場を失う患者、困惑する家族を後目に行われる病床の削減は、多くのベッド難民を生み出すのだ。

「ただ、医療区分で行き場所を決めるのは、病院にもそうせざるを得ない事情があるんですね。それは診療報酬の改定で、区分1と3では入院基本料に倍以上の差が付けられたためで、区分1の患者をたくさん抱えると病院の経営が成り立たなくなるんですよ。だから病院としても入院費の高い部屋に移るか、退院するかを選んでほしいということになる。何としても社会的入院をなくしたいという意図が透けて見えますよね」。

しかし医療区分1と言っても、その症状には意識障害、経管栄養、胃ろう、麻痺、嚥下障害、留置カテーテル、痰の吸引などがあり、決して医療の必要度が低いとは言えない。それどころか、高齢者は合併症を起こしやすいので、長期間安定した状態が続くという保証はないのだ。

その受け皿として、介護療養夜間看護や終末期の看取りもできる医療機能の充実した新型の療養型老健、そして看護に重点を置くデイサービスの療養通所が導入されることになった。しかし、療養型老健は介護報酬が療養病床よりも2割安く設定されたのが影響し、２００８年10月時点で、新たに看板を掲げたのは８カ所（５７５床）だけ。療養通所も一般の通所に比べると介護報酬や利用者数が限定されるので開設は53カ所のみ、しかもその９割が赤字経営という現実だ。これでは強力な受け皿には成り得ない。

放り出された患者、行き場のなくなった患者は家に戻り、病状が悪化しないようにじっと祈っているしかない。しかし、在宅での強力な支えであるべき訪問看護ステーションは、訪問介護やデイホームが2倍になったのに比べて、6年間で20％しか増えていない。しかも診療報酬の改定で、急性期病院においては対患者との看護師数が7対1以上になると、病院の報酬が上乗せされることになったのである。訪問看護ステーションはただでさえ足りない訪問看護師を引き抜かれて、休廃業が急増している。

国は在宅ケアを進めると言いながら、一方でそれを阻害することになる施策を実施する。進めるはずが、現実にはブレーキをかけているのだ。この一貫性のなさは何だろう。

実際、療養病床から自宅や施設に移された医療区分1の高齢者が、その後、病状の急変で救急病院へ運ばれるという事態が生まれている。病状が安定すれば療養病床に移されるが、それも30日間までのことで、受け入れてくれる療養病床がないと、また自宅へと戻される。家族の不安は増すばかりである。

リハビリについても、2006年の診療報酬の改定で、疾患別のリハビリの実施や、リハビリ日数の制限が行われるようになった。リハビリが打ち切りとなった患者が全国で20万人を超えるという推計も出されるなど、患者や医療機関などの批判が高まり、「リハビリ診療報酬改定を考える会」（代表＝多田富雄・東大名誉教授）という全国組織も発足。日数制限の白紙撤回を求める運動を展開し、48万人を超える署名を厚生労働省に提出した。彼らはリハビリの打ち切りは、逆に寝たきりを増やすことになり、結果的には医療費増大につながる可能性の方が大きいと主張する。

「国がやっている高齢化対策は一貫性のないその場しのぎで、これらはもう〝棄民〟としか言いようがないですよね。現場は翻弄されるばかりで、本当に腹が立ちます。特に医療・福祉は命に関わることなんですから、30年、50年、100年先だって視野に入れて考えないといけない。なのに、出てくるのは医療費や介護費削減につながることばかり。こんなことを続けているから医療崩壊、介護放棄なんてことになってくるんです。医療難民や介護難民が出てくるのは当たり前ですよ」。

無策、遅策、愚策の原因は、〝まずは医療費削減ありき〟の国の方針に帰する。1972年に秋田県の寒村、上郷地区で感じた在宅介護の問題点は、30年以上経った今も、「根本的には何ら解決されていないのではないか」と宮原は問う。

ＰＰＫは大間違い

ひと頃「ＰＰＫ」という言葉をよく聞いた。30年ほど前に長野県の小さな町で生まれた言葉で「ピンピンコロリ」と読んで、できる限り元気で生きて、長患いをせずに死ぬという意味だ。高齢者にとっての理想的な死に方のように言われ、今でも、平均寿命が長い割には1人当たりの老人医療費が全国最低水準で、元気なお年寄りが多いと自負する長野県がキャッチフレーズに使っている。

しかし宮原は、ＰＰＫは大間違いだと言う。

「ＰＰＫなんて現実的にはあり得ませんよ。今の世の中、心臓が止まってもＡＥＤですぐに再鼓動しますし、脳卒中でもほとんど助かります。がんにも突然死はありません。また普段から親と疎遠な子どもは、本人の気持ちが分かりませんからね、できるだけのことをしてほしいと延命治療を望むようです」。

だから、どんなに本人が望んでいようとも、救急医療や医術の進歩で、人はぽっくりとは死ねなくなったのだ。死なない、死ねない時代の到来だ。

そして、どんな健康法をやっている人でも、必ず身体のどこかに老人性疾患が起こってくる。何十年も山あり谷ありの道を走り続けたら、いろんな所にガタがくる中古車と同じだ。一部だけを直すと他の所に無理がかかる。新車に買い替えないで乗り続けるのなら、具合の悪い所を直しながらだましだまし乗るしかない。そのうち1人ではできないことが出てきて、他人の世話が必要になる。宮原が言うように、誰でもみんな障害者になって、介護されながら死んでいくのである。１９９８年の国民生活基礎調査によると、65歳以上の要介護期間は、１年未満が25・6%、１～３年未満が23・１%、３年以上は51%で半数に上っている。ところが大家族は少数となり、子どもの数も減って年老いた両親の世話をしたくとも手が足りない。

「じゃ、どうするか、どうしたいか。自分の人生の完結の仕方を、自分で考えておかなければいけないんです。ＰＰＫなんて無責任なことは言っていられませんよ」。

老いは、人生の総仕上げ。自分らしく自己責任と自己選択で生き抜かなくてはいけないのである。

在野の医学者である松田道雄は、『安楽に死にたい』（岩波書店　１９９７）の中で、90歳を前にして生命に対する考え方が変わったと述べている。生命とは自由と幸福追求を運搬する「もの」であり、自由が失われて幸福が追求できなくなったら、命はケースに入った壊れたヴァイオリンと同じで、ケースだけ丈夫にしても意味がないと言う。人生が刻一刻とせばめられていく時にどんなふうに生きていくか。それは、人の一生の中で最も厳粛な個人の問題なはずである。なのに、日本人の多くは、それを医療や福祉に預けて済ましている。松田は、これは日本人に自立した市民意識がないためだと痛烈に批判している。ＰＰＫの根も同じことである。

最期まで自分らしく生きるために

大切なのは、「どう自分らしく生きるか」ということだが、自立しているうちは選択も決定も思い通りにやればいい。何も問題はない。しかし、自立できなくなった時、介護が必要になった時、そんな状況でも自分らしく暮らすためには、「介護される」ということを含めて、その上でどうするかということを考えなくてはならない。「高齢者になると命の重みが変わる」と松田が言うように、実際にはその時になってみないと分からないことだが、それでも考えておかなければならないことはある。例えば延命治療についての意思表示などは、どうしてほしいかきちんと表明しておくべきだろう。

ちなみに宮原は、１９９０年に「終末期を考える市民の会」の設立に関わっている。１９７６年には、不治・末期や回復不能の植物状態などになった場合、無意味な延命措置を拒否するというので日本尊厳死協会（会員12万名）が設立されているが、「尊厳死の宣言書」は延命医療の拒否と苦痛の除去、植物状態での延命措置の中止に限定されている。それに対して「終末期宣言書」は、さらに病名の告知、終の場所、脳死状態での臓器提供の意思表示などを含めて、それぞれについて選択し、医療担当者だけでなく、家族に対しても意思表示している。終末期は本人だけでなく家族にとっても大きな問題だからだ。

耐えることが美徳と教え込まれてきたこれまでの高齢者は、自分の権利を主張せず、低医療、低福祉でも多くは我慢していた。寝たきりになって、病院で非人間的な扱いを受けようが、在宅で捨て置かれたような介護をされようが、それは昔から続いてきた当たり前のものであり、苦しみながらも宿命として受け入れてきたのである。

しかし権利意識が向上してきた今、寝たきりにならない権利、寝たきりになってもより人間らしく生きる権利、そして自らの死についても自己決定権を主張する高齢者が増えている。とはいえ、ただ権利を主張してもそれが実際に受け入れられるかどうかは、環境次第だ。

「最期までその人らしく生きるためには、良い医療と良い福祉の支えが必要です。もしずっと在宅で暮らしたいのであれば、さらに地域の住民の支えが不可欠でしょう」。

「したいこと」と「できること」の差が広がっていく中で、残った能力、秘められた能力をどう生かしていくか。医療や介護の質が問われる時代になったと、宮原は言う。

資質のない者は医者にはなるな

その医療に今、黄色の信号が、いやすでに一部には赤信号が点灯している。身近な産院で出産できない「お産難民」、救急車でたらい回しされる「救急難民」、受けたい治療が受けられず、末期になれば行き場のない「がん難民」、治療日数に上限を付けられた「リハビリ難民」、療養病床から追い出される「介護難民」など、今、医療現場は難民だらけである。さらに地方では病棟や病院の閉鎖が出現。その大きな原因の1つは医師の不足や偏在にあると言われている。

しかし医師の数さえ増えれば問題は解決するのだろうか。09年秋、政権与党になった民主党は、長期的には医学部の定員を今の1・5倍にし、緊急の対策としては各県に医者をコントロールするセンターをつくると言う。効果の程は分からないが、病院で働く医者の過密勤務は緩和され、医師の偏在も少しは解消するかもしれない。ただ小児科や産科、地域医療を目指す医者が増えるとは言い切れない。産科や小児科が嫌われるのは劣悪な労働条件や医療訴訟のリスクの高さによるもので、どちらも割に合わないというのが本音だ。だから宮原は、本質的には「量ではなく質の問題」だと断言する。

「プロの野球選手になるには、努力だけではなく資質が必要ですよね。医者も同じです。人の命や心を大切にしてそれを支える、支えたいというボランティアの精神、そしてお金ではないもっと大切なものがあって、それを守りたいという正義感。それがないと絶対にだめですよ。ところが医学部に進学すれば名誉だし経済的にも優位だというので、偏差値の高い学生ばかりが集まるようになってしまった。医者の仕事の何たるかを考えて決めたわけじゃないから、当然辛い仕事、リスクの高い仕事は嫌がりますよ」。

本来医者の仕事というのは、患者の生活を本人に無理のない範囲で、本人の価値観を尊重しながら、少しでもいい方向に向くように知恵を与えるもので、薬や注射を使って治療するのは、最後の小さな手段だというのが宮原の持論である。その人のしたいこと、やる気のあることを保証するのが医療のあるべき姿で、医者が患者に寄り添うことは当たり前。そのために自分の時間や生活が侵蝕されることがあっても、それは医者としては当然のことであり、それが嫌なら最初から医者にはなるな、と手厳しい。

確かに戦前の医者は、「医は仁術」という倫理観が色濃く残っていて、地域の中で最も信頼される存在だった。その頃に比べると今は患者も大きく様変わりしている。病気になったら医院に行くが、治してくれると評判がいい、あるいは実績があるから行くのであって、医師への信頼感はともかく、医師に心を支えてもらおうなどとは考えていない。

そういう医師が居ないためだと宮原は言うが、確かにそうかもしれない。もし電話をしたら夜間でも休日でも来てくれる医者が居れば、もし診療所の中で数分話すだけでなく普段から地域で接して相談にも乗ってくれる医者が居れば、自分達の暮らしを支えてくれていると実感するはずだ。確かにそういう医者は見当たらなくなった。

名医より良医

宮原は東北大学医学部の1968（昭和43）年の卒業生である。俗にヨンサン卒と呼ばれ、他の年の卒業生とは異なる存在だったことは第1章で述べた通りだ。それはこの年が戦後長らく続いたインターン制度が廃止された年であり、医学部の学生運動がピークに達した年でもあったからである。

宮原は入学以来、この学生運動の渦に巻き込まれた。しかしそれは学生達に、大学病院のあり方や医局の民主化、医療制度のあり方、健康づくりの問題、さらに自分達が医師としてどう進むかなどを考えさせることになった。この経験が医師としての宮原をつくり上げたのは言うまでもない。

医師の倫理を自分の中で確固としたものにすること、これこそ今の医学教育に最も欠けているものではないだろうか。しかしこれも、人の役に立ちたい、人のために働きたいという資質があれば、当然考えて然るべきものだ。

東北大学のヨンサン卒は三者協議会の決定に従って、卒業後3年間は大学の医局に入らず、大学と学生と研修病院との話し合いで決まった全国の受け入れ病院で初期研修をすることになった。宮原の初期研修は最初の半年が外科で、最後の半年が呼吸器科、その間の2年間は内科に籍を置きながら眼科、皮膚科、産婦人科、小児科、救急など、全科の基礎研修を精力的に行い、プライマリーケアの習得に努めた。これは、村の診療所ではすべての病気を診なくてはならない、という将来を見越してのことであったが、同時にすべての研修医にとって必要不可欠なものであることも実感した。

だから宮原は、２００４年スタートの新たな研修制度が、プライマリーケアを中心とした幅広い診療能力の習得を目的として、内科、外科、小児科、精神科など、7つの診療科で2年間学ぶことを義務化するとともに、適正な給与の支給と研修中のアルバイトが禁止されていることに対しては、一定の評価をしている。

ところが、自由に研修先を選べるこの研修制度は、研修医を大都会の一般病院に集中させることになった。そのため、人手不足になった大学病院は地域の病院に医師を派遣しなくなったばかりか、派遣していた医師を地域の病院から引き戻したのである。地域医療が崩壊状態に陥るのは当然の成り行きだった。

事態を重視した厚労省と文科省は、研修医の各県の受け入れに上限枠を設け、研修1年目の必須科目を内科6カ月、救急3カ月、地域医療1カ月以上とし、外科、麻酔科、小児科、産婦人科、精神科の5科目の中から2科目を選択必修とすることを検討している。これは年8、５００人の研修医を都市に偏在させず、また1年間前倒しして専門科目、それも特に足りないとされている産科、小児科、救急などで研修を行うことで、戦力となる医師の現場への投入を早めることを意図してのことである。しかしこれで慢性的な医師不足に歯止めをかけることができるのかについては、議論が分かれている。

宮原自身はこの制度変更に対して、いくつかの懸念を抱いている。まず幅広い臨床能力を身に付けるという目的が潰されること。必修から抜けるかもしれない精神科はうつ病や自殺など、多くの社会問題を抱えている今、すべての医師に基礎知識を身に付ける必要があるということ。さらに診療科の過度な細分化で、救急などではいっそうの医師不足に陥るかもしれないし、このままでは基礎医学の研究に進む医師が激減すること、などである。

そして何より研修医達が、救急や産婦人科、小児科のような〝キツイ〟科、不測の事故が起こり得る〝キケン〟な科、〝給与の少ない〟勤務医などの、いわゆる〝3K〟を敬遠する現実に、冷えきった医の心を感じるのである。

「研修期間では、技術を身に付けるのももちろん大事ですが、同時に医者としての見識や覚悟を身に付けるべきだと思います。そのためにはむしろ地域で頑張っている病院や診療所などで、小児から高齢者まで、健康づくりから治療、リハビリテーションまで、元気な頃から死ぬまでの何でも経験する方がいいのではないでしょうか。

入試制度についても、当然ある程度の学力チェックは必要ですが、それ以上に面接を重視して、あるいは一定期間病院でボランティアなどをさせて、受験生の医者としての資質をチェックすべきでしょう。そしてその上で、感性の教育もプラスする。とにかく今のままの偏差値偏重入試、それに研修制度では、医者の質は下がるばかりですよ」。

高齢者人口が40％へ迫ろうかという時代に必要なのは、名医ではなく〝良医〟。人間と人間のつながりの大切さが分かる温かな心を持った医者なのである。そしてそのことを、いちばん知らなくてはならないのは我々患者自身だ。

「医者を育てるのは患者です」という宮原の言葉が重い。

介護職はプロ意識を持て

医療と同様、福祉の質に関しても宮原は懸念を隠さない。

福祉は生活を支えることであり、長い間家族が当たり前のこととしてずっと担ってきた。しかし急激な高齢化とともに、核家族化、女性の就労などで家庭での介護が難しくなり、施設介護が急増することになった。そして生まれたのが福祉職、介護職である。90年代に入ると福祉や介護へのニーズが高まり、また介護保険の導入を前に福祉系大学や各部の新設、さらに多くの専門学校が誕生。介護職は、新しい職種としてスポットを浴び始めたかに見えた。が、現実には、それも長くは続かなかった。介護現場の労働は集約型で、財源も介護報酬や補助金に依存している。ひとたび報酬カットになると、一気に収益性が落ちて雇用条件が悪化する。2度のマイナス改定で、バラ色に見えた新規の業界が色あせるのに時間はかからなかった。

実際、介護職の現場では人件費を抑制する一方で、サービス向上のために最低基準以上の人員を満たそうとして、非常勤の比率が高められた。また女性が多い職場なので、出産や育児休業で正規雇用につながらない場合も多く、当然給料は低くなり、パート社員では月収12、3万円が平均となる。身体的にも精神的にも労働は過酷なのに対価は低い。当然、離職者が増加し、そうなると仕事自体が敬遠されることになり、さらに人材が不足。勤務の過酷度が増すという悪循環が生じている。

もともと介護福祉士は1987年に新しく誕生した社会福祉の国家資格で、身体的、精神的な障害で日常の生活行動、例えば入浴や食事、排泄などの行動に支障のある人に対して、自立した人間として尊厳ある生活を送るために支援を行うもので、そのための優れた能力を有する者とされている。ただ医師や看護師、薬剤師などのような業務独占ではないので、職務の分担がきちんと為されているわけではなく、もともと家族でもできる仕事だったということもあって、なかなかプロ意識が育ちにくい。

しかし実際の介護職は、例えば認知症や自閉症、精神障害などには特有な症状や傾向があるため、利用者との信頼関係をつくるのには時間がかかり、利用者によっては暴力行為や自傷他害、持病の発作、徘徊など、常に突発的なことへの対応が要求される職種なのである。宮原によると、

「特に認知症の人の感覚は鋭くて、会った途端に介護者が自分に対してどういう感情を抱いているのか分かるんです。じゃ、そういう人とどう接したら信頼関係が築けるか。それは認知症に関する知識と経験と技術、そして何より理解したいと思う心が大切でしょうね」。

事実、シーザルでは「これがプロの技だ」と思えるような光景によく出会う。認知症の人の周辺症状が短期間で消えたり、寝たきりの人が数日で起き上がれるようになったり、数週間で歩けるようになったり、しゃべれなかった人が話せるようになったりするのだ。

何年も寝たきりの高齢者に、「Aさん、どれだけできるか見せてくださいね。はい、体を起こしてみて」と言って、起きようとして伸ばしたAさんの手を取り、もう一方の手を腰に当てて、Aさんの起きようとする気持ちに合わせて引き上げる。手の運びも、Aさんが起きようとする〝その時〟を察知するのも技術である。スッと起き上がれたAさんにも家族にも驚きの笑顔が浮かぶ。信頼関係が生まれる瞬間だ。そのうち自分で起き上がれるようになり、

やがて歩けるようになる。要は相手の動こうという気持ちをすくい上げ、その気持ちに沿って身体の動きを介助することだと言う。この技はもちろん研修によって新人達に伝えられていくが、こういうことが介護職全体として為されるようなシステムの必要姓を宮原は強調するのである。

ただ、相手の気持ちを汲み取るには、受け取る側の〝感性〟が問われる。習えば技術は習得できるが、感性は多分に生まれながらのものだ。人の喜びを自分の喜びとし、人の悲しみを自分の悲しみにできる人に介護の世界で頑張ってほしい。そういう人達が仲間をつくっていけば、良い介護、良い福祉が広がるはずだ。

「もともと誰にでもできるのが介護のスタートですからね。それをプロの介護の域に持っていくには、例えば食事の介助も家族とは違うレベルでできなくちゃいけない。第一は自立支援で、どうすればうまく飲み込むことができるかなどを考えながらやることです。ということは誤嚥の理屈も分かっていなくてはいけないし、咀嚼や消化など医学的なことも理解していなくてはいけないですよね」。

そこで介護職の専門性を深め、さらに他の医療、看護、リハビリテーションなどの職種との連携や相互理解を進めるために、1993年に日本介護福祉学会が誕生。介護福祉学といった専門分野も産声を上げた。現在、学会内で育成システムの構築が図られているようだが、プロを養成するに当たって宮原が最も必要だと思うのは、やはり医療知識である。

現在、日本の養成校では、介護福祉士のための医療関係の講義は2年間で100時間が必修になっている。しかしドイツでは3年間で、何と700時間にも及ぶのである。

「700時間勉強していたら、痰の吸引だって任せられますよ」と宮原は言う。

痰の吸引は医療区分1に認定された患者の1割強が必要としている。これに胃ろうの管理や経鼻経管栄養も加われば3割強になる。もしもこれを介護福祉士が任されるようになれば、療養病床から在宅への移動が容易になり、看護の負担も軽減する。さらに介護福祉士のプロ意識の向上にもつながるに違いない。

「介護福祉士のレベルに大きな差があるのも問題ですね。２０１１年度からは国家試験のみになりますが、それまでは国家試験を受けなくても、専門学校や大学を出れば自動的に介護福祉士の資格が取れます。ホームヘルパーの2級はわずか１３０時間の研修、それにリポートと簡単な卒業試験でＯＫなので、当然力量には差が出る。それだけでも問題なのに、さらに資格取得後の研修がまったく為されていないんです。基本的なことは勉強しても、大事なのはその応用ですから、そのためには現場での研修が欠かせないんですが、それがない。問題意識のある施設や理念の高い施設では個別に研修を行っているようですが、しかし期間はまちまちで不定期な所がほとんどでしょう。これでは不十分です。看護師にも卒後研修の制度はありませんが、しかし看護師は各病院でしっかりと研修させられています。そのあたりが全然違うところですね。制度として整えるのが無理であれば、介護職員自らが現状を自覚して、医者や看護師などの医療関係者を巻き込み、自主的に勉強していくしかないでしょうね」。

もう一つ、宮原の気になるのが、福祉が「医療排除」という形で自分達の専門性を確立しようとしているように見えることだ。例えば訪問サービスには、担当者が集まってケアプランに沿って利用者ごとにサービス内容を話し合うケア・カンファレンスが欠かせない。しかし、その場に医者が呼ばれなくなっている。症状の軽い利用者には医療コメントは必要ないということだが、実際には医師が参加してくれないという声も大きく、要するに医療の必要性が、医療側にも介護側にも理解されていないようだ。

「むしろ軽い人こそ注意が必要なんですよ。生活障害は軽いかもしれませんが、喘息があったり心臓が弱かったりすると、いつ重い症状が出るか分からない。複数の疾病を抱えていると、たとえ咳一つでもいろんな場合が考えられます。だから医療サインを見落とさないようにするためには、現状だけでなくこれから起こり得る症状についても、医者からきちんとレクチャーを受けておくことが大事なことなんです」。

カンファレンスへの医者の参加は、現在、ボランティアである。しかし、カンファレンスが在宅ケアにおける医療と福祉の要に位置するものだということを認識するためにも、宮原は、これにこそちゃんとした報酬を付けるべきだと主張する。

当然、プロとしての質が求められてくる。有資格者の力量の差を縮めなくてはならない。環境づくりができつつあるというのであれば、後は本人がプロを目指すという意識が重要だ。

奇跡の健康センター

住民の暮らしは、戦後の高度成長期までは農村はもちろん、街でも「相身互い」「お互いさま」といった地域の相互扶助によって支えられてきた。しかし工業化や都市化、情報化が進むにつれて地域社会は衰退。高齢者や障害者の世話は、地域の人々の〝手助け〟から行政が行う〝支援〟になり、さらに介護保険法や障害者自立支援法の制定で、質量共に飛躍的に充実した公的な〝福祉サービス〟へと推移した。

ところが一方で医療の崩壊や在宅放置が言われるようになり、また住民のニーズが多様化するにしたがって、制度の谷間で対応できない問題や、公的サービスが及ばない事柄、さらに専門的な対応を必要とする時に行政や専門機関につながらず、結果として対応が遅れてしまうというアクセスの問題などが出現してきた。今後の福祉のあり方を考える時、公的な福祉サービスの充実を図るのはもちろん大切だが、同時に、地域における身近な生活課題に対応する、新しい地域での支え合いを進めていくことも考えていかなければならない。

そこで出てくるのが、ではいったい誰が、どんなふうにして進めていくのかということになる。地域活動におけるリーダーシップ形成の問題である。これは社会教育学の古くて新しいテーマだ。

ここに、ちょっと古いが27年前のある雑誌がある。1971年に創刊された『月刊 地域保健』(東京法規出版)の82年9月10日号だ。そこに当時、一橋大学の教育学の教授、藤岡貞彦が書いた『地域保健活動におけるリーダーシップの形成』という講演記事が掲載されている。藤岡は高度成長期の公害反対運動に内包されていた住民学習の教育的価値にいち早く注目した社会教育学者で、日本における公害教育、環境教育の研究におけるオピニオンリーダーの1人である。

書かれているのは何と上郷健康センターについてで、藤岡は上郷健康センターでの活動は、「現代の奇跡」とも言えるほどの偉業だと言っている。健康センターを発案したのは宮原であるが、宮原は医師であってもちろん社会教育学者ではない。その宮原が良かれと思って始めたことが、驚くほど社会教育学の理にかなっており、当代の社会教育学の第一人者である藤岡に絶賛せしめたのである。

藤岡は、どうしてこんなに多くの人達が生き生きと活動することができたのか。それを組織論と学習論の2つから考察している。

組織論としては、上郷健康センターの活動スタイルが、イギリスで19世紀後半から始まったセツルメント運動によく似ていると指摘する。セツルメント運動は、産業革命によって出現した明るい近代社会の裏側に貧民街が出現し、環境破壊や健康破壊が始まった時期、オックスフォードやケンブリッジの良心的な社会学者、医者、学生達によって始められたボランティア運動で、単に医学や医療の分野だけでなく、法学や教育学、社会学など、広い分野にわたって実践された活動である。その救貧精神は、恵まれた者が恵まれない者を引き上げるのではなく、あくまでも自助、つまり自己という存在を認識する自己教育にあるとしている。

健康センターの活動にも、「生活を総合的に見ること」、そして「自己教育」という2つの思想が貫かれている。それはセツルメント運動の発展形にほかならない、と藤岡は言う。

学習論として見ると、健康センターの特徴は住民の学習を徹底的に重視するところにある。しかもそれは読書や著名人の講義を聴くというような単純なものではなく、例えば保健部は住民が今まで無意識に見過ごしてきた健康の実態を掘り起こしていく。もちろん問題の分析は医者や看護婦、保健婦などの専門家が行うが、しかしどこかがおかしいという掘り起こしは、住民達による調査などを通してさらに掘り下げられていく。これは公害訴訟の住民学習に一般的に見られるスタイルだが、保健活動では極めて稀なことだ。そして藤岡は、これこそ社会教育のポイントであり、活動全体を支えているものだと感心する。しかし宮原にしてみれば、「自分達で疑問を持って調査するからこそその先の学習にもつながるし、あるべき対応も見えてくる。第一、用意されたテーマだったら、みんなでやろうという気にはならない」と、ごく当たり前のことになる。

学習活動が進む中、健康センターでは日本各地で行われている先進事例を訪れたり、センター設立10周年の健康祭では全国から400名も集めてシンポジウムを開催したり、あるいは記録集などを発行している。他地域との交流で自分達に欠けているものを認識し、それによってさらに活動域を拡大。学習が健康問題から出発して村づくりへと発展していくのである。

しかも、縦割り行政であれば、当然別々のセクションで行われる活動が、上郷ではみんな健康センターで統轄して行われている。藤岡は、地域活動の中でリーダーシップが育つのは、「例外なく、まず自分達の持っている問題に鮮烈に気がつき、その直面している問題が、その地域の課題の全体構造の中でどういう位置にあるかということが総合的に分かる個人、あるいはグループが育った時である」としている。健康センターはまさにリーダー育成にとって、絶好の環境だったのである。ただどんなに強力なリーダーシップの下でも、地域の課題を解決するには10年、20年という長い期間が必要で、それには持続力が不可欠だ。その持続力はどこから来るかと言うと、藤岡は問題の総合的な把握と絶えざる学習によると言う。そして、上郷健康センターを中心に行われている健康づくり、村づくりの運動は、実際にそれが行われ、また成功している極めて稀な実例だと結論する。

当時を振り返って藤岡は言う。

「保健活動ということでは、当時佐久病院の若月院長、それに沢内村の深沢村長の活動があったわけです。しかしこれは彼らが強力な司令塔となって、運動自体も上から下に施すという啓蒙的なものでした。しかし上郷は違う。

宮原伸二医師という核はありましたが、あくまで主体は住民で、住民にやらせる、行かせる、見せることによって、宮原医師は自身が構想しているのとは異なるものを期待した。そこには常に by the people がある『草の根運動』ですよ。上郷方式は非常に独創的なもので、私達社会学者にとっては大層面白く映りました。だからちょっと過激な言い方だったんですが、『現代の奇跡』と評したのです」。

藤岡を最も感動させたのは、全国で行われている健康管理や村づくりに関する12の活動例を、12人の住民達が数年かけて取材し、自分達の日常生活と対比させながら、仲間の運動として『住民が見た全国の健康づくり運動』（上郷健康センター　１９８１）という１冊の本にまとめたことである。「これは実に斬新なやり方であり、取材者自身を目覚めさせるのには最適なものだった」と藤岡は言う。これによって村づくり運動のリーダーグループが、しっかりと醸成されたのである。

現在の事例に詳しくはないが、と前置きしながら、藤岡は、これからの住民運動は、市町村から国の省庁まで大小さまざまな行政との結び付きで活動を展開するものと、あくまで学習をベースに住民主体の社会教育的運動を続けていくものとに二分されるのではないかと推測する。そして、学習重視の活動は依然として強い力を持ったものとして残るべきであろうし、上郷で行われた学習システムは、その意味で現在においても有効なモデルの１つだ、と言っている。

村づくり方式が街づくりにつながらない

こうして見ると上郷の健康センター、さらに西土佐村の保健センター、そこから展開された両地区のさまざまな村づくりの活動は、社会教育の目指す理想的な姿の一つであった。そして藤岡に「奇跡」と言わせたように、フィールドワーク主体の社会教育学者にすらもなかなか実現できないものだった。では、どうして宮原にこのような活動の創出が可能だったのだろうか。

宮原の父は、前述のように日本でも有数の社会教育学者であり、社会教育のフレームワークをつくった人として名を馳せている。しかし彼は、そんな父からの薫陶はほとんど受けていない。父の著書もむしろ地域医療の現場を離れた頃から読むようになり、地域に対する思いの一致にむしろ大層驚いたと言う。

「父にできなくて僕にできたのは、医者だったというのも一つでしょうが、その土地に住んだ、住民になったということが大きいと思うんです。子どもを保育園や小学校に通わせて、PTAの役員もして、村の行事にも参加して、それで村を住民の目線で見ることができた。それは外から運動に携わるのとはまったく意味が違います。それと、農村のことをまったく知らなかったというのも大きいですね。知らないからずけずけ入っていけて、何でも言えた。そういうストレートさが、村を健康にしたい、村を元気にしたいと思った時に、健康センターをつくり、学習会を続け、健康祭を開催していくことになったんでしょう。でも実際は、こうした方がいいかな、ああした方が楽しいかなって思ってやっていただけなんですけどね」。

若い医者が思いのままに進めていった活動が、社会教育、それも成人教育という分野で花開いた。これは多分に宮原の資質によるものだろうが、それを成し遂げさせたのは、彼の真摯で一途な思いだった。

上郷での学習法は西土佐でさらにシステム化され住民運動としてのパワーが増した。そして村づくりも、一段とグレードアップされたのである。宮原モデルは、一つの完成形に至ったと言っていいだろう。

ところが、この完成されたはずの手法が、なぜか岡山では思ったような成果を上げられないでいる。シーザルをスタートさせて8年。シーザル自体の活動は軌道に乗っているが、周辺住民の動きを促すような流れはまだできていない。年月が足りていないとは言えないだろう。村と街との土壌の差も確かにあるだろうが、しかしそれは承知の上でのはずだ。宮原自身、その気になればできていただろうとも言っている。ではなぜ?

まず挙げなくてはならないのが、宮原の健康だ。心臓疾患によるバイパス手術はまったく想定外のことだった。無理をしたら迷惑をかけてしまうことになる。その思いが宮原の手足を縛ったのである。宮原はシーザルの活動を、医師でなくてもやっていけるようなものとして展開していったが、描いたように進まない要因は、宮原が医師としての機動力を活かせなかったこと、さらに宮原自身が前ほど精力を傾けられていなかったことにある。

しかし何より大きかったのは、やはり村と街の住民気質の違いであり、ライフスタイルの相違だ。

上郷には健康センター、西土佐には保健センターがあり、どちらも住民の活動拠点として働いた。そして農業が主体のほぼ均質な社会で、まだ地域のつながりも十分に残っている村では、1つの拠点で大きな渦をつくることができた。しかし『このくらいの規模だったら、何とかいけるだろう』と宮原が思った岡山市の西市は、人口こそ約

1万5千人と西土佐の3倍ほどだが、田畑が残っているとはいえ、中心部までは車で15分足らずの所で、新しい住宅も次々に建っている。人々の移動性や流動性が高まり、個人主義的傾向も強まる中で、〝ご近所〟の人間関係は形成されず、地域の求心力は低下するばかり。1つの拠点で多様な住民をまとめることは、想像以上に困難だった。

「村では1人の船頭がぐいぐい舟を漕いで積極的に進めていって、それがうまくいったんですが、都市部でもその方法がいいのかどうかは、難しいところです。誰かが無理矢理変化させるんじゃなくて、みんなで一緒に変化していかないと、無理が出てくるようですね」。

とはいえ、住民主体で動くためには、まず自分達の問題に気づくことが第一なのに変わりはない。そのためにはやはり学習が有効である。それは過去の地域づくりで実践実感してきたことでもあり、その普遍性には藤岡も同意している。そこで月に1回、シーザル周辺の住民向けに健康福祉塾を催しているが、残念ながら質・量共に上郷や西土佐に及ぶべくもない。宮原の弟子である川崎医療福祉大学准教授の塚原貴子は、こう指摘する。

「上郷でも西土佐でも、住民が自分達の生活の中から調査という形で問題点を掘り起こしていました。住民のニーズをキャッチして学習に活かしていたわけですね。でも福祉塾はシーザルがすべてをコーディネートしています。だからそこには住民の主体性もないし、参加意識も弱いままです」。

これでは藤岡が言っていたセツルメントの自己教育とは相反するものだ。当然、ここからはリーダーもリーダーシップも生まれないことになり、町づくりは進まない。

今、全国で多くのNPOがまちづくりに取り組んでいる。しかし、宮原が行ったような、住民挙げての活動ということになると、どれほどの成功例があるだろうか。「都市部での成功事例を見ると、1つのシステムが作動しているというより、たまたまうまくいっているという事例がほとんどでしょう」と宮原も言うように、多様な職種の多彩な住民が住む街では、住民はなかなか腰を上げないというのが現実で、町づくりのシステムと呼べるものはまだ見当たらない。宮原自身も、これまでのところシーザルという小石を投げただけで、大きな波紋を広げることはできていない。

「結局、発信源が1つでは駄目なんですね。公民館でも自治会でもＮＰＯのグループでもいい、たくさんのグループがいろいろな学習会を開き、それに住民が重層的に参加する。そうすれば連鎖的に運動は大きくなると思いますよ」。

小さな石でも何個も集めて投げれば、大きな波紋になるというわけだ。農村と違って都市にはリーダーが多い。さまざまな分野のリーダーが気持ちを一致させることができれば、より多彩で、より強力な運動が展開できるはず。地域の生活課題に敏感に反応した住民達が、自分達で発案し、主体的に取り組めば、ニーズに対しても柔軟かつ迅速に答えることができ、しかも長続きするだろう。もし問題が専門家や公的な対応を必要とする場合には、専門機関や行政にサービスを依頼したり要望することが重要である。またそれができるくらいの市民力を身に付けるべきだ。そして地域で住民の生活をよりきめ細かく支え合う。これが「地域福祉」のあるべき姿であると宮原は考えている。多数のリーダーが重層的に行う多発的なものという点を除けば、24年間、2つの村で実践しながら考えてきたことと変わらない。宮原の学習を重視した住民運動の手法は間違っていないのだ。後は、そのシステムを誰がどう街に合わせてやっていくかということになる。

宮原は今、シーザル以降の活動を振り返り、自身のパワー不足に対して不満と苛立ちを覚えている。しかしそれはまた新たなステージへと宮原を向かわせているようでもある。

「確かに住民を動かすことはできていません。それに自分の現状を考えると、これから一気にやっていけるとも思いません。今できることは、僕の考え方ややり方を分かって、それで住民の力量を形成していってくれる、そういう人達を1人でも多く増やしていくことだと思っています。街の強みは人材の豊かさです。いろんな知恵や技量を持った人が、同じ方向で力を合わせたら、きっとたくさんの人達が動き始めます。住民のみなさんが動きやすいような、意識が変わりやすいような、そんな条件づくりをやっていきますよ」。

目指すのは、市民のエンパワーメント。宮原はそのための新たな牽引者とその方法を育もうとしているようだ。

専門職を動かす

現在、宮原はNPO法人「総合ケア シーザル」の理事長として高齢者の医療、福祉に関わりながら、週2日はある医院で内科医として診療を続け、その医院が開くホームヘルパーの養成講座でも介護の理念を伝えようとしている。また週に1度は大学で地域医療福祉について講義し、今でも年間80回ほど講演やセミナーを行う。

2007年12月にはこれまでのネットワークを活かし、日本健康福祉政策学会をシーザルで主管した。日本健康福祉政策学会（理事長・塩飽邦憲《しわくくにのり》）は1997年に発足。設立に当たって、宮原も、現・高知女子大学学長の山根洋右《やまねようすけ》らと共に白熱した議論を重ねた。大学や研究機関の研究者だけでなく、健康福祉現場のスタッフや市民が参加する学会は、福祉現場が安心して活動できるような環境づくりや、地域での実践活動から出発した研究を目指している。

ちなみに山根は、宮原の著書『美しく老い　美しく死ぬ』の巻頭言で、村の政策決定に住民が積極的に参加する西土佐村について、共生の町づくり、自己実現の町づくりであると賞賛している。

第11回　日本健康福祉政策学会岡山大会（2007.12）

宮原が大会長を務めた11回大会は、「安心してくらせる地域づくり」ということでパネルディスカッションやシンポジウム、ワークショップなど、550人を集めて行われた。大会の準備、運営を通じて、シーザルのスタッフは多くのものを学び、大きく成長した。

2008年6月には岡山での日本プライマリ・ケア学会開催のために働いた。日本プライマリ・ケア学会は、開業医の集まりである実地医家のための会が母体となり、医師のほかにはコ・メディカル（医師以外の医療従事者）や市民も入会できる。岡山では特にコ・メディカルの参加を募り2、500人の医療、福祉の関係者が参集。ネットワークの域を広げた。

そして大会終了後、いぬい医院院長・福岡英明《ふくおかひであき》を中心に、それまで年1回の大会を開くだけだった岡山支部の活性化と変革に取り組んだ。その結果、医師やコ・メディカルのほか、訪問看護や介護の職員、ケアマネジャー、ソーシャルワーカー、薬剤師達、それに大学や企業などの団体が集まり、支部会員は約300人に増加した。別に会費を徴収し、勉強会やワークショップなどを開きながら新たな活動を計画中である。

その一つが、病院を退院する患者の在宅での医療やリハビリをスムーズに支援するための、病院の医療者と地域の医療・介護者間の連携パスだ。各地でも10年ほど前から治療に限ったパスはあるが、それらは脳卒中、糖尿病といった疾患別の縦割りパスで、福祉までカバーするようなものはほとんどない。病院で可能だった治療やリハビリをどうやれば在宅でも継続できるか。コ・メディカルや介護士などにも加わってもらい、実生活に応じた連絡項目を充実させて、生活やQOLを強く意識した横割りパスの作成を目指す。そして将来的にはよりきめ細かい多様なケアを実施するために、医療や福祉だけでなく、住宅関係者や司法関係者、NPOなどとの連携も視野に入れている。

この活動で宮原と強力なタッグを組む福岡は、実は20年以上前に宮原が出した『これからの地域医療』（医学書院1986）を読んでいて、『こんな医者も居るんだ』とたいそう感激したという。2人は同年配で、当時、福岡は岡山ですでに開業していた。へき地と街の違いはあるが、同じように訪問診療しながら地域医療を考えてきた福岡にとって、宮原が上郷で実践してきたシステムには参考になることが多く、また、宮原の持つ熱い思いや強力なパワーにも大いに触発された。

「私は開業医として地域のニーズを拾ってきただけですが、宮原先生はマスとして地域をとらえられる方なので、だからいろんなことが見えるんでしょうね。医療福祉の現場はこれまでトップダウン形式でしたが、これからはうまく働いている現場のやり方を吸い上げていくべきで、連携パスはそのためのものであり、だからこそ立体的なものにする必要があると思います。何としても成功させ、福祉まで含めたチームケアのシステムづくりにつなげたい」と言う福岡。新たな試みに期待が高まる。

さて、日本健康福祉政策学会や日本プライマリ・ケア学会の活動だが、宮原はいったい何のためにこのようなことをしたのだろうか。それは、「専門職を動かそう」ということのようだ。住民を直接動かすことができないなら、専門職の人々に自分達の領域で住民に働きかけてもらい、その場その場で住民を動かしていく。そのために彼らに理念を伝え、一人一人をパワーアップし、その上でネットワーク化する。打ち上げ花火をドンドン上げれば、見上げる人の気持ちは高まる。宮原の仕掛けは、色とりどりのさまざまな打ち上げ花火を、次々に上げていくことのようだ。

新たなNPOの始動

2009年5月、宮原はシーザルの活動をベースに新しいNPO法人「パワフルボンド」を立ち上げた。これも宮原の大きな打ち上げ花火の一つだ。

「〝強い絆〟って、いい名前ですね」と言うと、「ジェームス・ボンドのボンドですよ」と笑う宮原。しかし事業内容を聞くと、もちろんスパイではないが、さまざまな武器や技量と知恵であらゆる困難を乗り越えて仕事を完遂する、強力な助っ人という感じである。

事業は、5つ。どれもシーザルの仕事をやりながら不満や不足を感じていた分野である。特にこのところ障害者からの相談が増えていて、宮原はずっと気になっていた。また、介護保険の被保険者は、65歳以上を第1号被保険者、40歳以上65歳未満の医療保険加入者を第2号被保険者とし、第1号被保険者は介護や支援が必要になった時、介護保険を適用してサービスを受けることができるが、第2号被保険者は特定の16疾患で介護が必要になった場合のみ、介護保険のサービスを受けることができる。宮原は、この第2号被保険者で16疾患以外の傷病で介護が必要な人のことも気にかかっている。

「旭川荘以来、介護保険に該当しない傷害を持った方、それに知的障害や精神障害の方のことがずっと頭にあったんですね。でも技量に限りがあってずっとやれないでいた。しかしここにきて、高齢者は介護保険で最低限のことはできるようになったし、サポート体制も曲がりなりにも整ってきています。だったらうちがそっちの方向に必死で走らなくても、まだみんながやらないこちらの方に少し軸足を移してもいいかな、と思ったんです」。

事業内容としては主に医療、福祉分野ではあるが、生活全般で困ったことがあればどんなことでも、できる限り支えていくというもので、まず1つ目は、地域の医療や福祉と連携を図る事業。地域内のNPOや医療、福祉機関と連携することで利用者に日曜や祝日、それに夜間もサービスが提供できるようにする。同業他社とのワークシェアといったところだろうか。しかし、いわばライバル同士、実践するとなると問題も多い。それでも同じ理念を掲げる仲間も現れ始めているので、そのあたりからネットワークを広げていくつもりだ。

2番目は、相談事業。高齢者、特に障害者から「どこに聞いたらいいのか」「どうしたらいいのか分からない」という相談が本当に増えていると言う。医療や福祉についてはもちろんパワフルボンドで相談に乗り、住宅や法律に関する相談などは各専門機関と具体的に連絡や調整をし合って、最後まで責任を持って生活支援を行っていく。

3番目は紹介事業で、利用者の話をよく聞いて、利用者の希望を最大限に叶えてあげられる事業者を紹介する。これも事業者間の助け合いということになるのだが、利用者の利益を第一に考えることを最優先する。

4番目は、事業者のサービスの質を高める事業で、主に介護福祉士の技術力アップを図る。介護職のプロを養成するために、知識、技術、そして感性を高めるような研修をしていく。

最後が、評価事業。個人ではなく施設の質を評価するものだが、虐待や拘束の有無もここで見る。情報を公開することでサービス利用者が事業者を選択できるようにし、同時に、事業者のサービスが向上するような取り組みにもつないでいく。そのためには社会福祉協議会にチェック機関として認めてもらい、実際のチェックには専門家も含めていろいろな人に参加してもらう予定である。

超高齢化社会の到来で、医療・福祉サービスに対する要望は増加と多様化の両方が進む。にもかかわらず、個別の事情の多くが対応できないまま放置されている。かかっている網の目が粗すぎるのだ。その網目を少しでも狭めるために、パワフルボンドから新たなネットを広げていこう。そんな思いが伝わってくる。

活動開始に際しては、岡山の地方紙で紹介されたこともあり、当初から多くの相談が寄せられている。ただ、実際には制度的にも実務的にも制約が多く、なかなか思うようには動けない。相談者の中にはクレーマーと思われるような人やオタク的な人も居て、振り回されることも多々あり、また多岐にわたる相談には解決困難な例も多い。

十分に対応できていないというのが現実のようだ。

資金の問題も大きい。パワフルボンドは診療も介護も行わないので医療保険や介護保険は利用できない。しかも相談は無料、紹介も中間マージンは一切取らないつもりなので、収入になるのは会費と寄付のみである。「スポンサーが必要ですね」と宮原は言うが、当面はシーザル内に事務所を置き、とにかく前に進もうということのようだ。

ようやく夏も終わりのある午後、久しぶりにシーザルを訪れたら、デイサービスに障害のある利用者が何人か混じっている。聞くと、その数が増えていると言う。駐車場の横にある、シーザルが新築するまでデイサービスに使われていた建物も、障害者用の一時シェルターになり、1人の男性が緊急避難ということで生活していた。スタッフに余裕が出て、そういう人達の受け入れが可能になったようだ。

近々、「シーザル健康まつり」も開催するとか。職員の発案で、周辺の住民に呼びかけて健康相談、骨粗しょう症(骨密度検査)などのちょっとした検診、それにバザーや映画会、さらに輪投げや綿あめ、かき氷などの屋台も並べる。民生委員や健康づくりのボランティアである愛育委員との協力関係もできてきて、イベント告知の回覧板を回してもらうこともできるようになった。スタッフも確実に成長している。シーザルが宮原の手を離れてもやっていける日が、もうそこまで来ている。

「パワフルボンドをつくるって言ったら、周りからそんなの無理だから止めろと言われましたよ。性善説で誰でも信じるから、みんなに利用されるだけだって。でも医療や福祉は儲けの道具にしちゃいけないと思うんですよ。そう思う人が周りに集まり始めていますから、大丈夫、やれると思いますよ」。

スタートしたばかりのパワフルボンドが、この先、宮原の思いを遂げて見事な花を咲かせるかどうかは分からない。しかし「小さな本物」を目指す理念は、シーザルと同様に必ず育っていくはずだ。

宮原号は走り続けている。もちろん新幹線ではない。でも、鈍行というのでもなさそうだ。

点を面にして広がるネットワーク

もう一つ、個性的な花火もある。

倉敷市精神保健福祉協議会の委員として、障害者支援の相談体制づくりについての審議に参加し、2009年の3月に答申をまとめた。これは2005年の障害者自立支援法によって、障害者の入所施設からグループホームや在宅など、地域生活への移行や一般就労への移行を進めることになったために為されたものである。特に精神障害者の支援やメンタルヘルスへの理解を地域に広めるためには推進員の養成が必要ということで、宮原は育成に関わる専門部会の会長になった。

「倉敷の取り組みで特異なのは、障害者の住宅確保を保証していこうという点なんですよね。障害者にとって住宅問題はとても大きな問題で、これが行政の支援で解決できるというのは画期的です」。

同じような取り組みは、横浜などの他の地域にもあるようだが、倉敷では専任のスタッフを置き、直接入居時の保証人にはならないものの、バックアップ体制は敷くという。この方式は強力なモデルとして、岡山はもちろんどこの地域でも十分にやっていけると宮原は考えている。

宮原を見て思うのは、行動の多様さである。本人は好奇心が強いからと言うが、そこにはちゃんと計算がなされているような気がする。目標を達成するには人それぞれに方法があるだろうが、宮原のやり方は独特である。

彼の動きは直線的ではなく、目標の周りに同時期にアトランダムに点を置き、その点を核にして面を広げながら進むのである。だから、すぐに効果はなくても将来役に立ちそうなことや、今やっておけば後に目標につながるようなことなど、点として見れば結び付きのなさそうなことなのに、実際には面となって互いに接触していく。おそらく宮原には最初から点ではなく、面として見えているのだ。広がりは、これまでの経験が教えてくれるのだろう。そして直線よりは面の方が、そこにふれあう人も当然多くなる。だから宮原の周りには幾重にも重なり合うネットワークが、濃度を増しながら、加速度的に広がるのである。

「人が宝」とよく言うが、宮原の場合も38年間で創り上げてきた深くて広いネットワークが宝であり、そして最大の武器だろう。医者でこれほどのネットワークを持っている者には、そうはお目にかかれない。やはり異色な医者である。

医療福祉文化の醸成

宮原は自著の中で自らを「野の医者」と呼ぶ。そして西土佐村時代まで、野の医者として地域の人達と力を合わせて医療のあるべき道を求めてきたと書いている。

西土佐村では診療所と併設してデイホームや特別養護老人ホームも造っているが、それらは宮原の中では「福祉」として別枠にあるものではなかった。医療そのものを、単に病気を治すものではなく、健康づくりから病気の予防、リハビリテーション、そして社会福祉まで包含した総合的な活動としてとらえていたのだ。言い換えれば「本物の医療」を求めたのである。

しかし岡山に来て、特に旭川荘で施設福祉に触れた時、医療と福祉は人の生活を支える車の両輪になった。両者の連携なしでは進まない。そこでＮＰＯ法人で理想的な連携を目指したのである。だが、地域の中で誰もがその人らしく生きることができるようにするためには、両者の連携だけでは足りない。教育や産業も巻き込んで、地域全体が動かないと、達成などできはしない。

「地域住民が自分達で動きださないと駄目なんですよ。上からと下からと、両方の動きが必要です。結局は住民の意識が変わって、自分達でやらなければと思わない限り、何も変わらないですからね。要するに、地域ごとに自分達の〝医療福祉文化〟を創り出すことですよ」。

医療、福祉、介護と言われると、何となく重い感じがしてしまうが、〝医療福祉文化〟となると、いささかイメージが異なってくる。自分達の地域の文化であれば、自ら育て、守らなくては。そんな気を起こさせる。「医療福祉文化」、まさにこれこそが、宮原が目指してきたものである。健康祭りをやり、新聞を発行し、学習会を開催する。医療と福祉を連携させ、その輪にさまざまな人々を巻き込む。そしてそれがみんな自分達の健やかで安心な、何より自分らしい生活につながっていくのだ。

「世の中には強い人も居れば弱い人も居る。若者も居れば年寄りも居ます。健康な社会というのは、そんな中でみんなが共生している社会でしょう。自助や公助だけでなく、自分達で助け合う共助が必要ですよね。医療福祉文化は、そのための知恵づくりだと思います」。

さまざまな人が多彩な知恵を出し合って、多くの人がそれに関わりさらに膨らむ。そうして、文化は地域に根ざしたものとして定着していく。医療福祉文化もそんな風に育ってほしい。否、育てなければ、高齢化が進むとともにますます格差の広がる社会で、安らかに幸せに暮らすことはできないのではないだろうか。

岡山でのセミナー参加（壇上中央／宮原医師）

共に闘い、医師としての生き方を確認し合ったヨンサンの仲間は全国にまたがっている。それぞれの地域で住民の中に根を生やし医療や福祉に関わっている者が多いと言う。宮原は、かつての仲間との連携も始めた。パワフルボンドの種を各地に蒔くのだ。医療福祉文化の花を咲かせるために。

1人の人間がやるどんなに小さな活動でも、次に伝える人が居れば、そしてそれをまた次につなげる人が居れば、大きな活動になっていく可能性を秘めている。傍観していられない時が、もうそこまで来ているのだ。誰でも老いたら障害者になる。そうなっても自分らしく生きられるような地域に、自分達自身でしなければ。宮原の言葉は、住民自身に、何ができるかを問いかける。

「みんな優しくしたいし、役に立ちたいと思っているんです。ただそこまでで、その先がないんです。一歩踏み出せばいいんですけどね。地域での支え合いなんて、昔は誰でもやっていた、当たり前のことなんですから」

自分を見つめ、地域を見つめ、当たり前のことを当たり前にやればいいのだ。まずは仲間を見つけ、問題を掘り起こそう。宮原の歩いてきた道には、手助けのヒントがたくさんありそうだ。

＊＊＊

いつだったか、宮原が父の墓参りをした時のことだ。父の教え子達が建ててくれた石碑の文字にふと目が留まった。それまでは気にもかけずちゃんと読んだこともなかったのだが、そこには彼らに語った父の言葉が刻まれていた。

「混じりけのない小さな本物が、やがて混じりけのない大きな本物を築く」

親子で同じ思いを抱いていたのだ。結局は父と同じ道を歩いて来たのだろうか。宮原は不思議な感慨にとらわれたと言う。しかし、父と違って自分は医者だ。学者なら提言で済ませられるが、医者としては結果を問いたい。住民主体で住民が行う街づくり。宮原の目は新たなモデル化へと見据えられている。

エピローグ

数学に「集合」という考え方がある。範囲のはっきりしたものの集まりをそう呼ぶのであるが、2つの集合がある場合には、その両方に属する「共通部分」、つまり重なり合う集合と、少なくとも一方に属する「和集合」が存在する。今、ここに医療と福祉という2つの集合があるとすると、和集合は医療と福祉に関わるあらゆるものを指し、医療福祉が、医療と福祉の共通部分ということになる。

1人の患者、あるいは1人の利用者から見た場合、より広く細やかに関わってもらうためには、医療と福祉の和集合は大きければ大きいほどいい、ということになる。では、共通集合だとどうか。歴史的に見てもともと介護は看護に含まれるものである。であれば介護がどれだけ看護の要素を増やしていけるか、例えば介護士が痰の吸引をしたり、胃ろう患者の手当てをするというようなことになるのだろうか。医療と福祉の共通集合は、どうもそんな技術的なものではないような気がする。

それは、医療と福祉の連携、つまりチーム医療を意味するのではないだろうか。近年、24時間365日連続する医療や介護において、高度・専門化した技術を提供するために、各現場でチームを形成してサービスを提供することが重視されている。そうなるともちろん連携の範囲が大きくなることも大事だが、それ以上に、どれだけ綿密にスムーズに連携されているか、という質的濃度がポイントになると思う。

そして、医療と福祉という2つの集合だけでなく、さらにボランティアや企業、学校、地域など、他の集合が加わることによって、重なりの数を増し、共通集合の濃さを増していく。患者や利用者にとっての良い共通集合は、そんなものではないかと思う。

網の目が細かくなればなるほど、こぼれるものは少なくなる。宮原が求めるチームケアが、まさにこれである。宮原は医者である。しかし宮原の福祉のとらえ方は、医者が福祉をとらえる目線とは根本的に違うような気がする。

上郷では1人の医者として、医療の場にしっかりと足を置き、医療が福祉を内包するような形で関わってきた。辺地では、特に「地域の一人医者」として現実に関わった時、医療と福祉の垣根は低く、地域医療を志す医者は誰でも、福祉の領域に踏み込まざるを得ない。西土佐村になると、高齢化率がいちだんと高まり、診察もほとんどが高齢者ということで、行政の強力なバックアップの下、福祉施設を充実させ、医療と福祉の融合に邁進することになる。片足が福祉の場に掛けられたのだ。しかし、それでもまだ軸足は、医療の方にあったように思う。そして、岡山。シーザルの活動とともに重心は福祉へと移った。

それとともに宮原の目線は、医療や福祉の現場そのものから離れ、もっと高い位置から鳥瞰的に為されるようになったのではないか。

以前、宮原はこんなことを言っていた。

「医者で音楽が好きな人も居れば、小説を書く人も居る。社会運動が好きで、それをやる医者が居てもいいでしょう」。

健康な村づくりを実践し、今また誰もが自分らしく暮らせる地域のノーマライゼーション、共生を目指す宮原は、医者という範疇では収まりきれない。社会教育学の大家で「生涯教育」の先導者でもあった父のＤＮＡは、確かに宮原の中に流れているのである。

残念なことに、シーザル以降の宮原の活動には、自身の心臓病という要因が大きく影響している。人一倍責任感の強い宮原は、活動の頓挫で迷惑をかけることを避けたのである。

「シーザルをスタートさせて10年近くになろうとしているのに、これまでいったい何をやっていたんだと思いますよ」という言葉からは、健康への不安から自分の活動を抑制せざるを得なかった彼の忸怩《じくじ》たる思いが伝わる。それは裏を返せば、健康にまったくの不安がなければ、上郷や西土佐同様、岡山のこの西市でも新たな街づくりのシステムがとっくにつくれていたはず、という自信の表れでもあるだろう。

実際、過去の実績を思えば、宮原がフル稼働していれば、街づくりにおける新たな宮原システムができ上がっていたのではないか。過去の出来事で「もしも」を語るのは詮ないことだが、残念な思いはぬぐいきれない。

しかし一方でまた、新幹線やブルドーザーとして強力に牽引できなかったからこそ、人に動いてもらう、そのためのネットワークづくり、それも多面的で重層した立体的ネットワークの構築に動いたとも言える。そのネットワークを使って、今、宮原は、住民を直接動かすのではなく、動かすための仕掛けづくりをやろうとしている。その一つが、専門家へのオルガナイズだ。

どんな結果が伴ってくるのか、しばらくは宮原ウオッチを続けたいと思う。

◆宮原伸二略年譜

年月日	事項
1942・9・16	東京都世田谷区で生まれる
1959・8	長野県駒ヶ根へ父のフィールドワークに同行
1962・4・1	東北大学医学部入学、インターン制度反対闘争についてクラス討論高まる
1966・7	この頃、和泉昇次郎と出会う
1967・3・12	全国的な医師国家試験受験拒否闘争を受け東北大学医学連が国家試験ボイコット（四三生は卒後の6・30、国家試験を受験）
8	秋田県本荘市由利組合総合病院でアルバイト研修
1968・3・26	東北大学医学部卒業
4・1	ローテート研修スタート～いわき市立総合磐城共立病院（外科／半年）、公立気仙沼病院（内科・小児科／2年）、東北大学附属病院抗酸菌研究所（呼吸器科／半年）
	東北大学三者協議会（仮称。1971・11・20、正称化）設立、初期研修を始める
5・15	医師法改正により、事実上のインターン制度廃止
9・3	医師免許取得
1971・4・1	秋田県由利組合総合病院上郷診療所所長に赴任。
	住民検診、老人検診、寝たきり検診、出稼ぎ検診、胃検診、婦人科検診、乳児検診、幼児検診等を開始
1972・4・1	上郷健康センター設立、所長に就任
1973・10・27	第1回上郷健康祭
1975・1・26	「秋田県農村医学会賞」受賞
1978・12・15	『村づくり聴診記』（合同出版）刊行

1980・9・25	厚生省「保健文化賞」受賞（上郷健康センター）
1981・3・31	秋田大学学位（乙博士）取得（眼底網膜血管情報に関する研究）
8	『住民が見た全国の健康づくり運動』（上郷健康センター）刊行
9・6	「秋田県医師会賞」受賞
1984・7・3	秋田県由利組合総合病院上郷診療所所長退職
1984・8・1	高知県西土佐村国保大宮診療所所長に赴任
1985・4・1	日本農村医学会評議員
4・3	国保江川崎診療所、西土佐村健康センター設立、両所長に就任
1986・9・15	『これからの地域医療―「健康づくり」の進め方』（医学書院）刊行
1987・5・14	「ソニー賞」受賞
1989・10・27	第9回四国老人福祉学会、西土佐村で開催（大会長）
1990・8・1	西土佐村訪問看護ステーション開所
1991・4・8	西土佐村デイサービス開始
1992・5・28	特別養護老人ホーム開設（デイサービス・ショートステイ併設。診療所と廊下1本でつながる）
1994・7・15	『美しく老い　美しく死ぬ―地域医療実践の場から』（文京書房）刊行
9・15	『これからの健康づくり―分かりやすい活動の手引き』（三輪書店）刊行
1995・3・31	西土佐村江川崎診療所・西土佐村保健センター退職
4・1	川崎医療福祉大学助教授就任／旭川児童園顧問医就任
	日本プライマリ・ケア学会認定医・指導医・評議員／日本健康福祉政策学会理事
5・21	東北大学「高橋賞」受賞
1996・4・1	社会福祉法人旭川荘敬老園診療所所長就任／旭川荘評議員就任

年月日	事項
1997・1・20	『老いを支える医療福祉』（三輪書店）刊行
1998・4・1	旭川荘川崎宣祐記念総合在宅支援センター所長就任
7・18	『「家で死ぬ」ということ』共著（三天書房）刊行
4・1	日本公衆衛生学会評議員
11・18	四国老人福祉学会「学会賞」受賞
1999・8・31	岡山市介護認定審査委員
2000・4・1	ケアマネジャー資格取得（1期生）
	川崎医療福祉大学教授に就任。旭川敬老園園長就任／岡山市介護認定審査委員
10・14	ケアマネジャー養成講座開催
2001・3・15	心臓病で手術・入院
4・1	NPO法人総合ケアシーザル開所（理事長）
5・15	シーザル／ケアプラン策定事業、訪問介護ステーション事業スタート
6・15	『上手な利用法 介護保険』（シーザル）発行
7・14	学習会スタート（2005年に「健康福祉塾」へ名称変更）
9・30	川崎医療福祉大学退職、社会福祉法人旭川荘退職
10・1	関西国際大学教授就任
	シーザル／訪問介護ステーション事業スタート
2002・4・1	岡山県ボランティア・市民活動センター所長就任／岡山県医師会介護保険対策委員／青木内科小児科医院顧問医
2003・3・15	『老いを輝いて生きる』（シーザル）発行
5・20	シーザル／月刊情報誌『ゆとりのはな通信』スタート
6・10	シーザル／デイサービス事業スタート

2004・4・1	『家庭でできる応急手当』（シーザル）発行
	岡山市保健福祉審議員
6・15	シーザル／住宅型有料老人ホーム事業スタート
2005・3・27	西土佐村閉村記念表彰（保健医療福祉功労）
5・21	象潟町合併50周年功労賞（保健医療部門）
5・27	『美しく死ぬ―そのための上手な生き方』（シーザル）発行
2006・3・31	関西国際大学退職
4・1	神戸親和女子大学教授就任
3・31	『福祉医療用語辞典』編著（創元社）刊行
12・20	『ホームヘルパーと介護者のための医療サイン』（創元社）刊行
2007・4・1	高知女子大学学長諮問評価会議委員
12・8	日本健康福祉政策学会（シーザル主管・大会長）開催
2008・3・19	倉敷市精神保健福祉協議員（専門部会委員長）
6・14	日本プライマリ・ケア学会開催（副実行委員長）
2009・5・11	NPO法人パワフルボンド設立
5・24	日本プライマリ・ケア学会岡山支部副支部長就任

●参考文献

【宮原伸二著作・監修関係】
『村づくり聴診記』合同出版／1978
『住民が見た全国の健康づくり運動』監修／上郷健康センター／1981
『これからの地域医療―『健康づくり』の進め方』医学書院／1986
『美しく老い　美しく死ぬ―地域医療実践の場から』文京書房／1994
『これからの健康づくり―分かりやすい活動の手引き』三輪書店／1994
『老いを支える医療福祉』三輪書店／1997
『「家で死ぬ」ということ』共著、三天書房／1998
『老いを輝いて生きる』NPO法人総合ケアシーザル／2003
『美しく死ぬ―そのための上手な生き方』同／2005
『福祉医療用語辞典』編著、創元社／2006
『ホームヘルパーと介護者のための医療サイン』創元社／2006

【その他】
『自分たちで生命を守った村』菊池武雄／岩波新書／1968
『村で病気とたたかう』若月俊一／岩波新書／1971
『人間ばんざい』読売新聞社会部編／晩聲社／1982
『艮陵同窓会百二十年史』編纂委員会編／東北大学艮陵同窓会／1988
『病院で死ぬということ』山崎章郎／主婦の友社／1990
『安楽に死にたい』松田道雄／岩波書店／1997
『プロダクティブ・エイジング』B・フリーダン他／岡本祐三訳／日本評論社／1998
『日本の医療を変える』和田 努編／同友館／2008
『ルポ　高齢者医療』佐藤幹生／岩波新書／2009
『満足死―寝たきりゼロの思想』奥野修司／講談社現代新書／2009
『厚生白書』（各年版）
『高齢社会白書』（各年版）

●協力者一覧（五十音順）

板野奈美栄（NPO法人総合ケアシーザル職員、看護師）
賀来貴子（NPO法人総合ケアシーザル職員、ケアマネジャー）
竹内閑香（高知県四万十市在住）
塚原貴子（川崎医療福祉大学准教授）
土井真紀子（秋田県にかほ市在住）
中川　学（東北大学百年史編纂室）
中平貞行（西土佐総合支所長）
中平兆二（中平写真事務所）
福岡英明（いぬい医院院長、日本プライマリ・ケア岡山支部長）
藤岡貞彦（一橋大学名誉教授）
山下幸恵（NPO法人総合ケアシーザル所長）
山本茂樹（岡山県社会福祉協議会地域福祉部長）

●著者紹介
最所 久美子　さいしょ くみこ
1951年、長崎県生まれ。国際基督教大学卒業。会社勤めの後、PR誌の企画編集会社を設立。企業の広報活動に関わり、編集者兼ライターとして数多くのトップインタビューやルポを手がける。

編集協力／山田編集事務所

今後の参考にさせていただきますので、下記メールアドレス宛、ご感想・ご意見・ご教示賜りますよう、よろしくお願いします。　volvox3@silver.ocn.ne.jp　「地域医療」係

医療と福祉を超えて暮らしを拓く
住民力で地域医療
――医師・宮原伸二の軌跡――

2010年8月20日　初版第1刷発行　　検印廃止

定価はカバーに
表示しています

著　者　最所久美子
発行者　杉田啓三
印刷者　坂本喜杏

発行所　株式会社　ミネルヴァ書房
607-8494　京都市山科区日ノ岡堤谷町1
電話(075)581-5191／振替01020-0-8076

冨山房インターナショナル・兼文堂

ISBN978-4-623-05807-5
Printed in Japan